Orientação para a
Prática Mediúnica no
Centro Espírita

Federação Espírita Brasileira

Orientação para a Prática Mediúnica no Centro Espírita

Organização:
Coordenação Nacional da Área da Mediunidade
do Conselho Federativo Nacional da FEB

FEB

Copyright © 2016 *by*
FEDERAÇÃO ESPÍRITA BRASILEIRA – FEB

1ª edição – 7ª impressão – 500 exemplares – 10/2024

ISBN 978-85-9466-031-2

Todos os direitos reservados. Nenhuma parte desta publicação pode ser reproduzida, armazenada ou transmitida, total ou parcialmente, por quaisquer métodos ou processos, sem autorização do detentor do *copyright*.

FEDERAÇÃO ESPÍRITA BRASILEIRA – FEB
SGAN 603 – Conjunto F – Avenida L2 Norte
70830-106 – Brasília (DF) – Brasil
www.febeditora.com.br
editorial@febnet.org.br
+55 61 2101 6161

Todo o papel empregado nesta obra possui certificação FSC® sob responsabilidade do fabricante obtido através de fontes responsáveis.
* marca registrada de Forest Stewardship Council

Pedidos de livros à FEB
Comercial
Tel.: (61) 2101 6161 – comercial@febnet.org.br

Adquirindo esta obra, você está colaborando com as ações de assistência e promoção social da FEB e com o Movimento Espírita na divulgação do Evangelho de Jesus à luz do Espiritismo.

Dados Internacionais de Catalogação na Publicação (CIP)
(Federação Espírita Brasileira – Biblioteca de Obras Raras)

F293o   Federação Espírita Brasileira. Conselho Federativo Nacional

         Orientação para a prática mediúnica no centro espírita / organização: Coordenação Nacional da Área da Mediunidade do Conselho Federativo Nacional da FEB; Marta Antunes de Oliveira de Moura, coordenação. – 1. ed. – 7. imp. – Brasília: FEB, 2024.

         256 p.; 25 cm

         Inclui referências

         ISBN 978-85-9466-031-2

         1. Educação. 2. Mediunidade. 3. Centro Espírita. 4. Espiritismo. I. Federação Espírita Brasileira. II. Título.

                                                            CDD 133.9
                                                             CDU 133.7
                                                             CDE 60.03.00

SUMÁRIO

Apresentação 9

Responsabilidade mediúnica 11

PRIMEIRA PARTE
ORGANIZAÇÃO E FUNCIONAMENTO DA REUNIÃO MEDIÚNICA

Capítulo 1 Histórico 17

Capítulo 2 Conceitos 19

Capítulo 3 A organização da reunião mediúnica 27

    3.1 Critérios 28

    3.2 Objetivos 30

Capítulo 4 Reuniões mediúnicas sérias e instrutivas: com Jesus e Kardec 31

Capítulo 5 A prática mediúnica segura 35

Capítulo 6 A equipe mediúnica 39

    6.1 Condições aos integrantes do grupo mediúnico 39

    6.2 Componentes da equipe mediúnica 41

    6.3 Admissão de participantes 43

    6.4 Afastamento de participantes 44

    6.5 Visitantes 44

Capítulo 7 Orientações aos integrantes da equipe mediúnica ... 47

Capítulo 8 Orientações específicas 49

Capítulo 9 O funcionamento das reuniões mediúnicas 55

       9.1 Condições básicas 55

       9.2 Etapas ou fases da reunião mediúnica 57

Capítulo 10 Arquitetos espirituais 63

Referências 67

SEGUNDA PARTE
RESUMO DE *O LIVRO DOS MÉDIUNS*

Introdução de *O livro dos médiuns* 73

PARTE 1 NOÇÕES PRELIMINARES 77

Capítulo 1 Há Espíritos? 77

Capítulo 2 O maravilhoso e o sobrenatural 81

Capítulo 3 Método 85

Capítulo 4 Sistemas 89

PARTE 2 MANIFESTAÇÕES ESPÍRITAS 93

Capítulo 1 Ação dos Espíritos sobre a matéria 93

Capítulo 2 Manifestações físicas. Mesas girantes 95

Capítulo 3 Manifestações inteligentes 99

Capítulo 4 Teoria das manifestações físicas 103

Capítulo 5 Manifestações físicas espontâneas 111

Capítulo 6 Manifestações visuais 119

Capítulo 7 Bicorporeidade e transfiguração 123

Capítulo 8 Laboratório do mundo invisível 127

Capítulo 9 Lugares assombrados 131

Capítulo 10 Natureza das comunicações 135

Capítulo 11 Sematologia e tiptologia 139

Capítulo 12 Pneumatografia ou escrita direta. Pneumatofonia 145

Capítulo 13 Psicografia.. 149

Capítulo 14 Médiuns 153

Capítulo 15 Médiuns escreventes ou psicógrafos 159

Capítulo 16 Médiuns especiais (1)... 163

Capítulo 17 Formação dos médiuns.. 175

Capítulo 18 Inconvenientes e perigos da mediunidade 181

Capítulo 19 O papel dos médiuns nas comunicações espíritas (1) 185

Capítulo 20 Influência moral do médium 193

Capítulo 21 Influência do meio... 197

Capítulo 22 Mediunidade nos animais 201

Capítulo 23 Obsessão (1) 203

Capítulo 24 Identidade dos Espíritos 211

Capítulo 25 Evocações (1).. 215

Capítulo 26 Perguntas que se podem fazer aos Espíritos (1) ... 225

Capítulo 27 Contradições e mistificações.................................. 233

Capítulo 28 Charlatanismo e embuste 237

Capítulo 29 Reuniões e sociedades espíritas 241

Capítulo 30 Regulamento da Sociedade Parisiense de Estudos Espíritas... 247

Capítulo 31 Dissertações espíritas 249

Capítulo 32 Vocabulário espírita... 253

APRESENTAÇÃO

Para conhecer as coisas do mundo visível e descobrir os segredos da natureza material, Deus concedeu ao homem a vista corpórea, os sentidos e instrumentos especiais. Com o telescópio, ele mergulha o olhar nas profundezas do Espaço e, com o microscópio, descobriu o mundo dos infinitamente pequenos. Para penetrar no mundo invisível, Deus lhe deu a mediunidade (KARDEC, Allan. *O evangelho segundo o espiritismo*, cap. XXVIII, it. 9).

Este trabalho reflete o esforço conjunto de dedicados coordenadores da Área da Mediunidade que, ao atuarem como representantes de suas federativas estaduais nas reuniões da Comissão Regional, demonstraram interesse de colaborar com os elevados princípios da unificação do Movimento Espírita e da união dos espíritas.

Orientação para a prática mediúnica no centro espírita tem dupla finalidade: divulgar corretamente a Doutrina Espírita, na Área da Mediunidade, de acordo com a Codificação Kardequiana, e definir caminho seguro para os trabalhadores do grupo mediúnico.

Trata-se de uma contribuição modesta, porém não menos importante, sobretudo quando se considera a obra desenvolvida pelos Espíritos esclarecidos, os missionários do Senhor, cujas ações representam contínuas fontes de bênçãos por efeito da Bondade e Misericórdia Divinas.

Brasília(DF), junho de 2016.

MARTA ANTUNES DE OLIVEIRA DE MOURA
VICE-PRESIDENTE DA FEDERAÇÃO ESPÍRITA BRASILEIRA
EX-COORDENADORA NACIONAL DA ÁREA DA MEDIUNIDADE
FEB/CFN — COMISSÕES REGIONAIS

RESPONSABILIDADE MEDIÚNICA[1]

Uma reunião mediúnica séria, à luz do Espiritismo, é constituída por um conjunto operacional de alta qualidade, em face dos objetivos superiores que se deseja alcançar.

Tratando-se de um empreendimento que se desenvolve no campo da energia, requisitos graves são exigidos de forma que sejam conseguidas as realizações, passo a passo, até a etapa final.

Não se trata de uma atividade com características meramente transcendentais, mas de um labor que se fundamenta na ação da caridade, tendo-se em vista os Espíritos aos quais é direcionado.

Formada por um grupamento de pessoas responsáveis e conscientes do que deverão realizar, receberam preparação anterior, de modo a corresponderem aos misteres a que todos são convocados a exercer, no santificado lugar em que se programa a sua execução.

Deve compor-se de conhecedores da Doutrina Espírita e que exerçam a prática da caridade sob qualquer aspecto possível, de maneira a conduzirem créditos morais perante os Soberanos Códigos da Vida, assim atraindo as Entidades respeitáveis e preocupadas com o bem da Humanidade.

Resultado de dois aglomerados de servidores lúcidos, desencarnados e reencarnados, que têm como responsabilidade primordial manter a harmonia de propósitos e de princípios, a fim de que os labores que programam sejam executados em perfeito equilíbrio.

Para se alcançar essa sincronia, ambos os segmentos comprometem-se a atender os compromissos específicos que devem ser executados.

Aos Espíritos orientadores compete a organização do programa, desenhando as responsabilidades para os cooperadores reencarnados, ao tempo em que se

---

[1] Página psicografada pelo médium Divaldo Pereira Franco, na reunião mediúnica de 28 de agosto de 2007, no Centro Espírita Caminho da Redenção, em Salvador, Bahia. Publicada em *Reformador*, ano 125, nº 2.144, p. 8(414)-10(416), nov. 2007.

encarregam de produzir a defesa do recinto, a seleção daqueles que se deverão comunicar, e providenciando mecanismos de socorro para antes e depois dos atendimentos.

Confiando na equipe humana que assumiu a responsabilidade pela participação no trabalho de graves consequências, movimentam-se, desde as vésperas, estabelecendo os primeiros contatos psíquicos daqueles que se comunicarão com os médiuns que lhes servirão de instrumento e desenvolvendo afinidades vibratórias compatíveis com o grau de necessidade de que se encontram possuídos.

Encarregam-se de orientar aqueles que se comunicarão, auxiliando-os no entendimento do mecanismo mediúnico, para evitar choques e danos à aparelhagem delicada da mediunidade, tanto no que diz respeito às comunicações psicofônicas atormentadas quanto às psicográficas de conforto moral e de orientação.

Cuidam de vigiar os comunicantes, poupando os componentes da reunião de agressões e de distúrbios defluentes da agitação dos enfermos mentais e morais, bem como das distonias emocionais dos perversos que também são conduzidos ao atendimento.

Encarregam-se de orientar o critério das comunicações, estabelecendo de maneira prudente a sua ordem, para evitar tumulto durante o ministério de atendimento, assim como para impedir que o tempo seja malbaratado por inconsequência do padecente desencarnado.

Nunca improvisam, porquanto todos os detalhes do labor são devidamente examinados antes, e, quando algo ocorre que não estava previsto, existem alternativas providenciais que impedem os desequilíbrios no grupo.

Equipamentos especializados são distribuídos no recinto para utilização oportuna, enquanto preservam o pensamento elevado ao Altíssimo...

Concomitantemente, cabem aos membros reencarnados as responsabilidades e ações bem definidas, para que o conjunto se movimente em harmonia e as comunicações fluam com facilidade e equilíbrio. Todo o conjunto é resultado de interdependência, de um como do outro segmento, formando um todo harmônico.

Aos médiuns é imprescindível a serenidade interior, a fim de poderem captar os conteúdos das comunicações e as emoções dos convidados espirituais ao tratamento de que necessitam.

A mente equilibrada, as emoções sob controle e o silêncio íntimo facultam o perfeito registro das mensagens de que são portadores, contribuindo eficazmente para a catarse das aflições dos seus agentes.

O médium sabe que a faculdade é *orgânica*, mantendo-se em clima de paz sempre que possível, não apenas nos dias e nas horas reservadas para as tarefas especiais de natureza socorrista, porquanto Espíritos ociosos, vingadores, insensatos que envolvem o planeta encontram-se de plantão para gerar dificuldades e estabelecer conflitos entre as criaturas invigilantes.

Por outro lado, o exercício da caridade no comportamento normal, o estudo contínuo da Doutrina e a serenidade moral são-lhe de grande valia, porque atraem os Espíritos nobres que anelam por criar uma nova mentalidade entre as criaturas terrestres, superando as perturbações ora vigentes no planeta.

Não é, porém, responsável somente o medianeiro, embora grande parte dos resultados dependa da sua atuação dignificadora, o que lhe constituirá sempre motivo de bem-estar e de felicidade, por descobrir-se como instrumento do Amor a serviço de Jesus entre os seus irmãos.

Aos psicoterapeutas dos desencarnados é impositivo, fundamental o equilíbrio pessoal, a fim de que as suas palavras não sejam vãs e estejam cimentadas pelo exemplo de retidão e de trabalho a que se afervoram.

O seu verbo será mantido em clima coloquial e sereno, dialogando com ternura e compaixão, sem o verbalismo inútil ou a presunção salvacionista, como se fosse portador de uma elevação irretocável.

Os sentimentos de amor e de misericórdia igualmente devem ser acompanhados pelos compromissos de disciplina, evitando diálogos demorados e insensatos feitos de debates inconsequentes, tendo em vista que a oportunidade é de socorro, e não de exibicionismo intelectual.

O objetivo da psicoterapia pela palavra e pelas emanações mentais e emocionais de bondade não é convencer o comunicante, mas despertá-lo para o estado em que se encontra, predispondo-o à renovação e ao equilíbrio, nele se iniciando o despertamento para a vida espiritual.

Conduzir-se com disciplina moral, no dia a dia da existência, é um item exigível a todos os membros da grei, a fim de que a amizade, o respeito e o apoio dos Benfeitores auxiliem-nos na conquista de si mesmos.

Numa reunião mediúnica séria, não há lugar para dissimulações, ressentimentos, antipatias, censuras, porque todos os elementos que a constituem têm caráter vibratório, dando lugar a sintonias compatíveis com a carga emocional de cada onda mental emitida.

Desse modo, não há por que alguém preocupar-se em enganar o outro, porquanto, se o fizer, a problemática somente a ele próprio perturbará.

À equipe de apoio se reservam as responsabilidades da concentração, da oração, da simpatia aos comunicantes, acompanhando os diálogos com interesse e vibrando em favor do enfermo espiritual, a fim de que possa assimilar os conteúdos saudáveis que lhe são oferecidos.

Nunca permitir-se adormecer durante a reunião, sob qualquer justificativa em que o fenômeno se lhe apresente, porque esse comportamento gera dificuldades para o conjunto, sendo lamentável essa autopermissão...

Aos médiuns passistas cabem os cuidados para se manterem receptivos às energias saudáveis que provêm do Mundo Maior, canalizando-as para os transeuntes de ambos os planos no momento adequado.

Todo o movimento entre as duas esferas de ação deve acontecer suavemente, como num centro cirúrgico, que o é, de modo a refletir-se na segurança do atendimento que se opera.

Os círculos mediúnicos sérios, que atraem os Espíritos nobres e encaminham para os seus serviços aqueles desencarnados que lhes são confiados, não podem ser resultado de improvisações, mas de superior programação.

Os membros que os constituem estarão sempre atentos aos compromissos assumidos, de forma que possam cooperar com os Mentores em qualquer momento que se faça necessário, mesmo fora do dia e horário estabelecidos.

Pontualidade de todos na frequência, cometimento de conduta no ambiente, unção durante os trabalhos e alegria por encontrar-se a serviço de Jesus são requisitos indispensáveis para os resultados felizes de uma reunião mediúnica séria à luz do Espiritismo.

Manoel Philomeno de Miranda

PRIMEIRA PARTE

ORGANIZAÇÃO E FUNCIONAMENTO DA REUNIÃO MEDIÚNICA

CAPÍTULO 1

HISTÓRICO

*Assim também a fé, se não tiver obras,
está completamente morta.*
Tiago, 2:17

Reunidos nas Comissões Regionais, desde 2004, os coordenadores da Área da Mediunidade constataram a importância de uniformizar procedimentos relativos à prática mediúnica nos Centros Espíritas. Assim, nos dois anos subsequentes, os representantes da mediunidade das regionais Nordeste e Centro apresentaram e organizaram sugestões na forma de um projeto que foi, de imediato, aceito e ampliado pelos demais integrantes das regionais Norte e Sul.

Em 2007, durante a reunião da Comissão Regional, em Brasília, ocorrida um dia antes do 2º Congresso Espírita Brasileiro, comemorativo do sesquicentenário de publicação de *O livro dos espíritos,* definiu-se a necessidade de se elaborar um roteiro, ou manual de procedimentos, o qual foi denominado *Organização e funcionamento da reunião mediúnica,* com o objetivo de desenvolver os dois conteúdos existentes no opúsculo *Orientação ao centro espírita* relacionados à mediunidade: capítulo IV (Estudo e Educação da Mediunidade), capítulo V (Reunião Mediúnica) e alguns itens do capítulo X (Participação do Centro Espírita nas Atividades de Unificação do Movimento Espírita).

A elaboração do atual documento, realizada em nível nacional por representantes da Área da Mediunidade, ocorreu em cinco etapas, assim resumidas:

» 2007 a 2009 – análise e consolidação de propostas direcionadas para a unificação de procedimentos da prática mediúnica nas Comissões Regionais Norte, Nordeste, Centro e Sul.

» 2010 – consolidação das sugestões pela Coordenação Nacional da Área, em Brasília, na Federação Espírita Brasileira (FEB).

» 2011 – definição de uma agenda para a Área da Mediunidade durante o Encontro Nacional da Mediunidade, ocorrido na Sede Histórica da Federação Espírita Brasileira, no Rio de Janeiro, ocasião em que foram definidas ações específicas, quais sejam: a necessidade urgente de proceder à revisão e atualização dos conteúdos utilizados no curso de mediunidade, programas I e II, antes de se elaborar o opúsculo *Orientação para a prática mediúnica*; implantação de estudo de *O livro dos médiuns* em todas as federativas e Centros Espíritas que ainda não desenvolviam o estudo dessa obra básica da Codificação Espírita.

» 2012 a 2015 – revisão e atualização dos dois programas de estudo do curso, que passou a ser denominado *Mediunidade: Estudo e Prática*, substituindo o título anterior (*Estudo e Prática da Mediunidade*). A nova programação, mais compacta e objetiva, dá ênfase à parte prática sem descurar da necessidade de disponibilizar ao estudante segura base espírita teórica, focalizada em Jesus e em Allan Kardec. Campanha permanente de estudo não só de *O livro dos médiuns*, mas também das demais obras da Codificação: *O livro dos espíritos, O evangelho segundo o espiritismo, O céu e o inferno* e *A gênese*.

A revisão e a atualização do curso *Mediunidade: Estudo e Prática* foram acrescidas de uma inovação que se revelou de inestimável valor: construiu-se um projeto-piloto de testagem e avaliação dos conteúdos revisados, antes de encaminhá-los à publicação pela FEB Editora. Participaram do projeto 33 Instituições Espíritas, entre elas o Campo Experimental da FEB, federativas e Centros Espíritas, representativos das quatro regionais espíritas do país (Norte, Nordeste, Centro e Sul), da capital e/ou da periferia dos grandes centros urbanos e de cidades do interior dos estados brasileiros.

» 2015 a 2016 – 2º Encontro Nacional da Área da Mediunidade, conclusão e publicação do opúsculo *Orientação para a prática mediúnica na centro espírita*.

CAPÍTULO 2

CONCEITOS

Desvela-te por estas coisas, nelas persevera, a fim de que a todos seja manifesto o teu progresso.

Vigia a ti mesmo e à doutrina. Persevera nestas disposições porque, assim fazendo, salvará a ti mesmo e aos teus ouvintes.

I Timóteo, 4:15

Médium e mediunidade

Médium é toda pessoa que sente, num grau qualquer, a influência dos Espíritos. Essa faculdade é inerente ao homem [...]. Usualmente, porém, essa qualificação só se aplica àqueles em quem a faculdade se mostra bem caracterizada e se traduz por efeitos patentes, de certa intensidade, o que depende de uma organização mais ou menos sensitiva.[2]

Reunião mediúnica séria

É aquela "[...] em que se pode haurir o verdadeiro ensino [...]."

"Uma reunião só é verdadeiramente séria, quando se ocupa de coisas úteis, com exclusão de todas as demais."[3]

Nesse sentido, Allan Kardec e respeitáveis Espíritos orientadores continuamente nos alertam a respeito dos cuidados que devemos ter com a possibilidade de introduzir, nas reuniões mediúnicas, práticas

---
2 KARDEC, Allan. *O livro dos médiuns*, pt. 2, cap.14, it. 159.
3 Idem, ibidem., pt. 2, cap. 29, it. 327.

exóticas ao Espiritismo, isto é, práticas estranhas e mesmo contrárias aos princípios espíritas. Todo cuidado é pouco.

Reunião mediúnica instrutiva

Não é suficiente que a reunião mediúnica seja apenas séria, na legítima acepção da palavra. É preciso mais: que seja também instrutiva. Allan Kardec analisa: "As *reuniões instrutivas* apresentam caráter muito diverso e [...] são aquelas em que se pode colher o verdadeiro ensino [...]".[4]

A rigor, as reuniões mediúnicas, usuais nos Centros Espíritas, são sérias, pois os seus integrantes são pessoas de bem. Contudo, pelo fato de uma pessoa ser séria, não significa que seja ela esclarecida. O esclarecimento espírita permite desenvolvimento do espírito crítico, impedindo a inclusão de práticas exóticas, não espíritas, na reunião.

Grupo mediúnico

"Entendemos por grupo mediúnico a associação de pessoas que têm conhecimento da Doutrina Espírita e que pretendem dedicar-se ao estudo da fenomenologia medianímica e, simultaneamente, praticar a excelente lição do próprio Espiritismo, que é a caridade."[5] Assim, os membros da equipe têm responsabilidades e funções, gerais e específicas, das quais todos precisam estar cientes para garantir o êxito da tarefa.

> Esta equipe, formada por grande número de trabalhadores, submete-se à direção de um mentor ou instrutor espiritual, o qual responde por todas as atividades programadas pelos dois grupos: o de encarnados e o de desencarnados, sendo que o programa estabelecido pela equipe do plano físico depende, para sua execução, da aquiescência e permissão do mentor espiritual.[6]

---

4 KARDEC, Allan. *O livro dos médiuns*, pt. 2, cap.14, it. 159.
5 FRANCO, Divaldo P.; TEIXEIRA, Raul. *Diretrizes de segurança*, cap. II, pergunta 30.
6 SCHUBERT, Suely Caldas. *Obsessão/Desobsessão*, pt. 3, cap. 4.

Equipe espiritual

> A responsabilidade básica pelos trabalhos mediúnicos é do Plano Espiritual e por isto o verdadeiro esquema a ser seguido aí se delineia. Mas, os lidadores da Espiritualidade respeitam, e muito, os desejos e planificações expressos pelos irmãos da Terra [...].[7]

Obsessão

> É "[...] o domínio que alguns Espíritos exercem sobre certas pessoas. É praticada unicamente pelos Espíritos inferiores, que procuram dominar, pois os bons Espíritos não impõem nenhum constrangimento."[8]

Tipos e graus da obsessão

A obsessão pode ser classificada em *simples*, *fascinação* e *subjugação* (também chamada, equivocadamente, de possessão). A ação obsessiva apresenta gradação em cada um desses tipos.

A *obsessão simples* traduz-se como influências espirituais, manifestadas comumente de forma ocasional, mas que podem se tornar persistentes e contínuas.

> Dá-se a *obsessão simples* quando um Espírito malfazejo se impõe a um médium, intromete-se contra a sua vontade nas comunicações que ele recebe, impede-o de se comunicar com outros Espíritos e se apresenta em lugar dos que são evocados[9] (grifos no original).

A *fascinação* tem consequências muito mais graves. É uma ilusão produzida pela ação direta do Espírito sobre o pensamento do médium e que de certa forma paralisa a sua capacidade de julgar as comunicações. O médium fascinado não acredita que esteja sendo enganado; o Espírito tem a arte de lhe inspirar confiança cega, que o impede de ver

---

7 SCHUBERT, Suely Caldas. *Obsessão/Desobsessão*, pt. 3, cap. 4.
8 KARDEC, Allan. *O livro dos médiuns*, pt. 2, cap. 23, it. 237.
9 Idem, ibidem, it. 238.

o embuste e de compreender o absurdo do que escreve, ainda quando esse absurdo salte aos olhos de todo mundo. [...] Já dissemos que as consequências da fascinação são muito mais graves. Com efeito, graças à ilusão que dela resulta, o Espírito dirige a pessoa que ele conseguiu dominar, como faria com um cego, podendo levá-la a aceitar as doutrinas mais estranhas, as teorias mais falsas, como se fossem a única expressão da verdade. Mais ainda: pode arrastá-la a situações ridículas, comprometedoras e até perigosas[10] (grifo no original).

A *subjugação* é uma opressão que paralisa a vontade daquele que a sofre e o faz agir contra a sua vontade. Numa palavra, o paciente fica sob verdadeiro *jugo*. A subjugação pode ser *moral*, ou *corpórea*. No primeiro caso, o subjugado é constrangido a tomar decisões muitas vezes absurdas e comprometedoras que, por uma espécie de ilusão, ele julga sensatas: é uma espécie de fascinação. No segundo caso, o Espírito atua sobre os órgãos materiais e provoca movimentos involuntários. Revela-se, no médium escrevente, por uma necessidade incessante de escrever, mesmo em momentos mais inoportunos. Vimos alguns que, na falta da caneta ou lápis, simulavam escrever com o dedo, onde quer que se encontrassem, mesmo nas ruas, nas portas e nas paredes[11] (grifos no original).

Desobsessão

Refere-se ao conjunto de práticas espíritas, voltadas para a prevenção e neutralização das influências e ações inferiores dos Espíritos: "Os meios de se combater a obsessão variam de acordo com o caráter de que ela se reveste".[12] "A desobsessão é [...] um processo de *libertação*, tanto para o algoz [obsessor] quanto para a vítima [obsidiado] [...]".[13]

Em geral, a obsessão reflete vinculação desarmônica ocorrida em existências pretéritas. Sendo assim, "[...] exprime quase sempre a

---

10 KARDEC, Allan. *O livro dos médiuns*, pt. 2, cap. 23,
11 Idem, ibidem, it. 240.
12 Idem, ibidem, it. 249.
13 SCHUBERT, Suely Caldas. *Testemunhos de Chico Xavier*, cap. *Libertação*. Referência ao *Voltei*.

vingança exercida por um Espírito e que com frequência tem sua origem nas relações que o obsidiado manteve com ele em precedente existência".[14]

Pela efetiva desobsessão, "desaparecem doenças-fantasmas, empeços obscuros, insucessos", além de se obter "com o seu apoio espiritual amplos horizontes ao entendimento da vida e recursos morais inapreciáveis para agir, diante do próximo, com desapego e compreensão".[15]

Animismo

Diz respeito ao "[...] conjunto dos fenômenos psíquicos produzidos com a cooperação consciente ou inconsciente dos médiuns em ação".[16] Kardec esclarece: "É por vezes muito difícil distinguir, num dado efeito, o que provém diretamente da alma do médium do que promana de uma causa estranha, porque com frequência as duas ações se confundem e convalidam."[17]

> Vários autores não têm visto, na extensa bibliografia dos escritores mediúnicos, senão reflexos da alma dos médiuns, emersões da subconsciência, que impelem os mais honestos a involuntárias mistificações.
>
> Excetuando-se alguns casos esporádicos, em que abundam os elementos prestantes à identificação, as mensagens mediúnicas são repositórios de advertências morais, cuja repetição se lhes afigura soporífera. Todavia, erram os que formulam semelhantes juízos. Diminuta é a percentagem dos intrínsecos, já que todo o mediunismo, ainda que na *materialização e no automatismo perfeitos,* se baseia no Espiritismo e Animismo conjugados[18] (grifos no original).

---

14 KARDEC, Allan. *O evangelho segundo o espiritismo,* cap. 28, it. 81.
15 XAVIER, Francisco C.; VIEIRA, Waldo. *Desobsessão.* Pelo Espírito André Luiz, cap. 64.
16 Idem. *Mecanismos da mediunidade.* Pelo Espírito André Luiz, cap. 23, it. Mediunidade e animismo.
17 KARDEC, Allan. *Obras póstumas,* pt. 1, cap. *Controvérsias sobre a ideia da existência de seres intermediários entre o homem e Deus,* último parágrafo.
18 XAVIER, Francisco C. *Emmanuel.* Pelo Espírito Emmanuel. Cap. 28, it. O mediunismo.

Contradições mediúnicas

As contradições surgem na prática mediúnica porque os médiuns não são iguais. Cada um capta e interpreta a mensagem dos Espíritos "de acordo com suas ideias pessoais, suas crenças, ou suas prevenções".[19]

À medida que os fatos se complementam e vão sendo mais bem observados, as ideias prematuras se apagam e a unidade se estabelece, pelo menos com relação aos pontos fundamentais, quando não sobre os detalhes. Foi o que aconteceu com o Espiritismo, que não podia fugir à lei comum e tinha mesmo que se prestar, por sua natureza e mais do que qualquer outro assunto, à diversidade das interpretações.[20]

Por outro lado, para "[...] compreenderem a causa e o valor das contradições de origem espírita, é preciso estar-se identificado com a natureza do mundo invisível e tê-lo estudado sob todos os aspectos".[21]

Mistificação

Ao analisar detidamente o assunto, Allan Kardec esclarece:

A astúcia dos Espíritos mistificadores ultrapassa algumas vezes tudo o que se possa imaginar. A arte com que apontam suas baterias e combinam os meios de persuasão, seria uma coisa curiosa se eles nunca passassem dos simples gracejos; porém, as mistificações podem ter consequências desagradáveis para os que não tomem suas precauções. [...] Entre os meios que esses Espíritos empregam, devem colocar-se na primeira linha, como os mais frequentes, os que têm por fim tentar a cobiça [...]. Devem, além disso, considerar-se suspeitas, logo à primeira vista, as predições com época determinada, assim como as indicações precisas, relativas a interesses materiais. Toda cautela é pouca quanto aos passos prescritos ou aconselhados pelos Espíritos, quando o fim não seja eminentemente racional; que ninguém nunca se deixe deslumbrar pelos nomes que os Espíritos tomam para dar

---

19 KARDEC, Allan. *O livro dos médiuns*, pt. 1, cap. 4, it. 36.
20 Idem, ibidem.
21 Idem, ibidem, pt. 2, cap. 27, it. 299.

aparência de veracidade de suas palavras; desconfiar das teorias e sistemas científicos ousados; enfim, de tudo o que se afasta do objetivo moral das manifestações.[22]

Cuidados requeridos à prática mediúnica espírita

A reunião mediúnica requer cuidados que não devem ser ignorados pelo espírita esclarecido, e, por representar a interação entre duas equipes de trabalhadores, a do Plano Espiritual e a do plano físico, é preciso que a sintonia esteja ajustada, considerando-se os benefícios que resultarão.

Um dos maiores empecilhos à boa prática mediúnica é a adoção de práticas mediúnicas exóticas ou estranhas ao Espiritismo (veja os conceitos *reuniões sérias* e *reuniões instrutivas*, supracitados), muitas das quais indicadas para cura de obsessões graves.

Fugir das orientações preconizadas pela Codificação e/ou das transmitidas por Espíritos Superiores, fiéis aos princípios espíritas anunciados por Allan Kardec, representa imprudência que pode resultar, no mínimo, em situações embaraçosas.

> Do mesmo modo que as doenças resultam das imperfeições físicas, que tornam o corpo acessível às influências perniciosas exteriores, a obsessão é sempre resultado de uma imperfeição moral, que dá acesso a um Espírito mau. A causas físicas se opõem forças físicas; a uma causa moral, tem-se de opor uma força moral. Para preservá-lo das enfermidades, fortifica-se o corpo; para livrá-lo da obsessão, é preciso fortificar a alma. Daí a necessidade de o obsidiado trabalhar pela sua própria melhoria, o que basta, na maioria das vezes para o livrar do obsessor, sem recorrer a terceiros. O auxílio destes se torna indispensável quando a obsessão degenera em subjugação [...], porque, então, o paciente muitas vezes perde a vontade e o livre-arbítrio.[23]

O espírita esclarecido sabe, perfeitamente, que a cura da obsessão não se faz por meio de técnicas ou recursos externos, mas pela renovação

---

22 KARDEC, Allan. *O livro dos médiuns*, pt. 2, cap. 27, it. 303, Comentário de Kardec.
23 Idem, *O evangelho segundo o espiritismo*, cap. 28, it. 81.

mental e moral dos envolvidos, obsessor e obsidiado, tal como ensinam os orientadores da Vida Maior:

> Nos casos de obsessão grave, o obsidiado se acha como que envolvido e impregnado por um fluido pernicioso, que neutraliza a ação dos fluidos salutares e os repele. É deste fluido que importa desembaraçá-lo. [...] Mediante ação idêntica à do médium curador nos casos de enfermidade, é preciso que se expulse o fluido mau com o auxílio de um fluido melhor, que produz, de certo modo, o efeito de um reativo. Esta é a ação mecânica, mas que não basta; é preciso, acima de tudo, *que se atue sobre o ser inteligente*, ao qual se possa falar com autoridade, que só existe onde há superioridade moral. Quanto maior for esta, tanto maior será a autoridade[24] (grifos no original).

Assim, a prática mediúnica séria e instrutiva deve ser conhecida, divulgada e mantida na Casa Espírita, merecendo a vigilância ativa por parte dos dirigentes e trabalhadores das Casas Espíritas e, em especial, dos grupos mediúnicos, a fim de não se deixar conduzir pelo embuste e pela mentira de obsessores (encarnados e desencarnados) que, a despeito de possuírem intelecto desenvolvido, ainda se encontram distanciados do bem.

---

24 KARDEC, Allan. *O evangelho segundo o espiritismo*, cap. 28, it. 81.

CAPÍTULO 3

A ORGANIZAÇÃO DA REUNIÃO MEDIÚNICA

> *Curai os doentes, ressuscitai os mortos, purificai os leprosos, expulsai os demônios. De graça recebestes, de graça dai. [...] pois o operário é digno do seu sustento.*
> Mateus, 10:8 a 9

A reunião mediúnica não comporta improvisações por parte do dirigente nem dos demais membros da equipe dos encarnados, pois se trata de uma atividade de atendimento e assistência a Espíritos, previamente planejada e organizada por Benfeitores espirituais, responsáveis pelo grupo no plano extrafísico. Contudo, o bom senso indica que uma organização básica se faz necessária, a fim de que o intercâmbio entre os dois planos da vida transcorra de forma eficiente e harmônica.

São várias as motivações que justificam a criação de um grupo mediúnico no Centro Espírita, porém é preciso considerar, como tudo na vida, que a organização não dispensa planejamento, tendo-se sempre o cuidado de selecionar ações que priorizem o bom funcionamento de qualquer atividade.

Em se tratando de uma reunião mediúnica, os cuidados têm que ser dobrados, não só porque envolve a atuação do psiquismo humano, um dos setores mais nobres da mente humana, como também porque os diferentes componentes da equipe devem estar previamente cientes do papel que lhes cabe, de forma que, durante os momentos de funcionamento da reunião, ocorra uma associação mental e vibracional positiva, permitindo ao grupo agir como um todo coletivo, sendo mínimas as interferências individuais. Allan Kardec assinala a respeito:

> Aliás, sendo cada reunião um todo coletivo, o que lhe diz respeito decorre naturalmente das instruções precedentes. Como tal, com ela devemos tomar as mesmas precauções e preservá-las das mesmas

dificuldades que os indivíduos isoladamente. Foi por essa razão que colocamos este capítulo em um dos últimos lugares desta obra.[25]

Num planejamento de organização de uma reunião mediúnica, devem constar, claramente, os critérios para a execução da prática mediúnica e os objetivos a serem alcançados.

Registramos em seguida os principais critérios e objetivos, no entanto cada Instituição Espírita deve definir o que espera desse gênero de atividade, sem jamais se afastar dos princípios doutrinários espíritas, a fim de que os participantes da equipe tenham a consciência esclarecida do que devem fazer na reunião.

3.1 Critérios

1) A equipe mediúnica deve ser constituída de participantes que tenham conhecimento básico da Doutrina Espírita e da mediunidade, em particular;

2) A mediunidade será exercida de forma saudável e segura, recusando-se, sistematicamente, o uso de práticas exóticas ou estranhas à orientação espírita;

3) As reuniões mediúnicas devem ser sérias e instrutivas, considerando que, a despeito de os integrantes da equipe serem pessoas de bem, sérias, isso não significa, necessariamente, que estejam esclarecidas a respeito das condições espíritas de organização e funcionamento da prática mediúnica. A respeito do assunto, destacam-se estes dois alertas constantes de *O livro dos médiuns:*

» "Uma reunião só é verdadeiramente séria, quando se ocupa de coisas úteis, com exclusão de todas as demais."[26]

» "A instrução espírita não compreende apenas o ensinamento moral que os Espíritos dão, mas também o estudo dos fatos. Abrange a teoria de todos os fenômenos, a pesquisa das causas e, como consequência, a comprovação do que é e do que não é possível [...]."[27]

---

25 KARDEC, Allan. *O livro dos médiuns*, pt. 2, cap. 29, it. 324.
26 Idem, ibidem, it. 327.
27 Idem, ibidem, it. 328.

- » As condições para a instalação e a manutenção de um clima de harmonia e solidariedade na reunião mediúnica devem ser disponibilizadas, tendo como base os ensinamentos do Evangelho de Jesus, da Codificação Espírita e de outras obras espíritas de inquestionável valor doutrinário;

- » A simplicidade, a ordem, a higienização e a segurança do recinto, onde é realizado o intercâmbio mediúnico com os Espíritos, devem ser preservadas, evitando-se o uso de ornamentos, quadros ou quaisquer manifestações que sugiram culto externo;

- » Os grupos mediúnicos devem funciornar em reuniões privativas, mantendo-se trancadas as portas, do início ao término da sessão;

- » A capacitação continuada dos encarnados, integrantes da equipe, deve ser planejada e executada;

- » Influências espirituais e processos obsessivos podem ocorrer entre os participantes da reuniao mediúnica. Se detectada a problemática, é preciso administrar a situação com fraternidade, sem dispensar a firmeza doutrinária. Nessa situação, às vezes, é necessário afastar, temporária ou permanentemente, o trabalhador da reunião, pois "o concurso de qualquer médium obsidiado ou fascinado lhes seria mais prejudicial do que útil";[28]

- » A divulgação de mensagens mediúnicas sem prévia análise deve ser evitada a todo custo, atentando-se, em especial, para as manifestações anímicas acima do tolerável e das mistificações, visto que "qualquer que seja o caráter de uma reunião, haverá sempre Espíritos dispostos a secundar as tendências dos que a componham";[29]

- » Os participantes do grupo mediúnico devem estar integrados a outras atividades da Instituição Espírita onde atuam;

- » É de fundamental importância proceder às avaliações periódicas da reunião mediúnica, que devem ser agendadas previamente e realizadas na Casa Espírita.

---

28 KARDEC, Allan. *O livro dos médiuns*, pt. 2, cap. 29, it. 329.
29 Idem, ibidem, it. 327.

3.2 Objetivos

» Prestar auxílio moral e doutrinário aos Espíritos que sofrem ou que fazem sofrer, concorrendo para o seu equilíbrio e a sua melhoria, seja por meio de aconselhamentos e outras ações espíritas, seja pelo acolhimento fraterno e solidário;

» Amparar Espíritos em processo de reencarnação, segundo as condições disponíveis;

» Contribuir para o reajuste espiritual de Espíritos portadores de graves desarmonias;

» Colaborar com processos de desobsessão planejados e desenvolvidos pelos obreiros do plano extrafísico;

» Favorecer o desenvolvimento da ciência espírita por meio de estudos edificantes, relacionados à mediunidade, em geral, e ao processo de intercâmbio mediúnico, em particular;

» Exercitar o desenvolvimento de virtudes, em especial junto aos encarnados e desencarnados, tais como: humildade, benevolência, paciência, fraternidade, solidariedade, respeito, entre outras, esforçando-se para fornecer exemplos de transformação moral e ação no Bem;

» Cooperar com os benfeitores espirituais no trabalho de defesa da Casa Espírita, ante as investidas de Espíritos descompromissados com o Bem;

» Auxiliar na construção da paz mundial entre os povos.

Allan Kardec enfatiza o objetivo primordial da organização de um grupo mediúnico:

> O objetivo de uma reunião séria deve consistir em afastar os Espíritos mentirosos. Incorreria em erro, se ela se julgasse imune à ação deles, fiando-se tão só nos seus objetivos e na qualidade de seus médiuns. Tal meta não será alcançada enquanto a reunião não se achar em condições favoráveis.[30]

---

30 KARDEC, Allan. *O livro dos médiuns*, pt. 2, cap. 29, it. 330.

CAPÍTULO 4

REUNIÕES MEDIÚNICAS SÉRIAS E INSTRUTIVAS: COM JESUS E KARDEC

> *Disse-lhes Jesus: "Eu sou o Caminho, a Verdade e a Vida. Ninguém vem ao Pai a não ser por mim.*
>
> *[...] Em verdade, em verdade, vos digo: quem crê em mim fará as obras que faço e fará até maiores do que elas, porque vou para o Pai. E o que pedirdes em meu nome, eu o farei [...]".*
>
> *João, 14:6 e 12*

Em *O livro dos médiuns,* consta o que caracteriza uma reunião mediúnica séria e instrutiva:

> A primeira de todas é que sejam sérias, na completa acepção da palavra. É imperioso que todos se convençam de que os Espíritos a quem desejam dirigir-se são de natureza especialíssima; que, não podendo o sublime aliar-se ao trivial, nem o bem com o mal, quem quiser obter boas coisas precisa dirigir-se a Espíritos bons. Não basta, porém, que se evoquem Espíritos bons; é preciso, como condição expressa, que os assistentes estejam em condições propícias, para que os Espíritos bons *consintam* em vir[31] (grifo no original).

Em relação ao assunto, outros pontos devem ser enfatizados.

> Deve-se levar em conta que cada indivíduo está cercado por certo número de comparsas invisíveis, que se identificam com o seu caráter, gostos e pendores. Portanto, toda pessoa que entra numa reunião traz consigo Espíritos que lhe são simpáticos. Conforme o número e

---

31 KARDEC, Allan. *O livro dos médiuns,* pt. 2, cap. 29, it. 327.

a natureza deles, esses comparsas podem exercer sobre a assembleia e sobre as comunicações uma influência boa ou má. Uma reunião perfeita seria aquela em que todos os seus membros, animados de igual amor pelo bem, só trouxessem consigo Espíritos bons. Em falta da perfeição, a melhor será aquela em que o bem suplante o mal. Isto é tão lógico que não precisamos insistir mais.[32]

Nesse sentido, uma reunião séria deve ser instrutiva e funcionar, coletivamente, de forma homogênea: "Uma reunião é um ser coletivo, cujas qualidades e propriedades são a resultante das de seus membros, formando uma espécie de feixe. Ora, quanto mais homogêneo for esse feixe, tanto mais força terá."[33]

O item 341 do capítulo XXIX de *O livro dos médiuns* esclarece quanto ao comportamento esperado dos encarnados na reunião mediúnica séria e instrutiva, o qual pode ser assim resumido:

» Perfeita comunhão de vistas e de sentimentos;

» Cordialidade recíproca entre todos os membros;

» Ausência de todo sentimento contrário à verdadeira caridade cristã;

» União em torno de um único desejo: o de se instruírem e de se melhorarem, por meio dos ensinos dos Espíritos;

» Recolhimento e silêncio respeitosos;

» Exclusão de tudo o que tenha por objetivo a curiosidade;

» União de todos, pelo pensamento;

» Isenção de todo sentimento de orgulho, de amor-próprio, de supremacia e vaidade, predominando a necessidade de serem úteis.

Emmanuel enfatiza na obra *O consolador* a importância de ser mantida a simplicidade nos grupos mediúnicos: "A sessão espírita deveria ser, em toda parte, uma cópia fiel do cenáculo fraterno, simples e humilde do Tiberíades, onde o Evangelho do Senhor fosse refletido em espírito e verdade [...].[34]

---

32 KARDEC, Allan. *O livro dos médiuns*, pt. 2, cap. 29, it. 330.
33 Idem. Ibidem, pt. 2, cap. 29, it. 331.
34 XAVIER, Francisco C. *O consolador*. Pelo Espírito Emmanuel. q. 372.

Na questão 411 da referida obra, o Benfeitor esclarece: "O apostolado mediúnico, portanto, não se constitui tão somente da movimentação das energias psíquicas em suas expressões fenomênicas e mecânicas, porque exige o trabalho e o sacrifício do coração [...].

Martins Peralva, por sua vez, acrescenta:

> Mediunismo sem Evangelho é fenômeno sem amor, dizem os amigos espirituais.
>
> [...] sem Doutrina Espírita é fenômeno sem esclarecimento.
>
> [...] com Espiritismo, mas sem Evangelho, é realização incompleta [...].
>
> [...] com Evangelho e sem Espiritismo é, também, realização incompleta.
>
> [...] com Evangelho e Espiritismo é penhor de vitória espiritual, de valorização dos talentos divinos.
>
> Imprescindível, pois, a trilogia "Evangelho-Espiritismo-Mediunidade".[35]

Emmanuel afirma, peremptoriamente, em qual base se assenta a vitória do apostolado mediúnico:

> [...] está no Evangelho de Jesus, com o qual o missionário deve estar plenamente identificado para a realização sagrada da sua tarefa. O médium sem o Evangelho pode fornecer as mais elevadas informações ao quadro das filosofias e das ciências fragmentárias da Terra; pode ser um profissional de nomeada [de prestígio], um agente de experiências do invisível, mas não poderá ser um apóstolo pelo coração.[36]

---

35 PERALVA, Martins. *Mediunidade e evolução*, cap. 2.
36 XAVIER, Francisco C. *O consolador*. Pelo Espírito Emmaneuel, q. 411.

CAPÍTULO 5

A PRÁTICA MEDIÚNICA SEGURA

> *Amados, não acrediteis em qualquer espírito,*
> *mas examinai os espíritos para ver se são de Deus,*
> *pois muitos falsos profetas vieram ao mundo.*
> I João, 4:1

O aprimoramento da faculdade mediúnica deve merecer especial atenção dos dirigentes da Casa Espírita.

O primeiro passo é oferecer condições para a formação doutrinária básica (conhecimento espírita, em geral, e da mediunidade, em particular) do trabalhador espírita, a qual, no principiante, pode estar ou não associada ao afloramento da sua mediunidade.

Como regra geral, o principiante espírita é encaminhado ao grupo mediúnico, após concluída a sua formação básica, desde que ele apresente condições psíquicas e emocionais propícias. Contudo, deve-se considerar que, para toda regra, há exceção, o que exige bom senso e capacidade de decisão por parte dos que coordenam a atividade na Casa Espírita. Há situações, por exemplo, em que o médium iniciante pode, concomitante com a aquisição de sua base doutrinária evangélico-espírita, integrar-se a um grupo mediúnico. Nessa situação, ele é acompanhado de perto, a fim de que a sua formação espírita não seja descurada.

É sempre oportuno lembrar que não é imediato o encaminhamento de participantes que tenham concluído cursos de estudo e prática da mediunidade aos grupos mediúnicos. Deve-se, primeiramente, refletir que não é somente o estudo que habilita o tarefeiro ao exercício da mediunidade. Há outros critérios a serem observados, quais sejam: equilíbrio emocional, assiduidade, propensão para o estudo, integração na Casa Espírita em atividade de auxílio ao próximo, compromisso com a tarefa, entre outros.

Importa acrescentar que nem todos os espíritas que já tenham formação doutrinária são portadores de mediunidade mais evidente, de efeitos patentes, no dizer de Allan Kardec, e que nem todo trabalhador espírita tem compromisso com a tarefa mediúnica propriamente dita. Sendo assim, não há obrigatoriedade para a pessoa participar de uma reunião mediúnica, uma vez que na Instituição Espírita há inúmeras outras atividades que mantêm o trabalhador sob contínua ação dos Espíritos.

Contudo, os médiuns que têm mediunidade mais evidente revelam compromisso com a tarefa, já que toda faculdade é concedida tendo em vista um fim específico. Compreende-se, em termos objetivos, como *educação do médium*, isto é, de sua mediunidade, o período que vai do afloramento da mediunidade até a sua integração efetiva, contínua e harmônica em uma reunião mediúnica, ainda que o aperfeiçoamento dessa faculdade psíquica continue ao longo das reencanarções e vivências no Plano Espiritual.

O médium será considerado apto a se integrar ao grupo mediúnico quando: já consegue discernir, de forma geral, as ideias que lhe são próprias e as que são oriundas dos Espíritos comunicantes; apresenta bom controle (educação) emocional e psíquico, conduzindo-se com respeitabilidade durante as manifestações dos Espíritos; revela esforço de combate às imperfeições e oferece condições para se dedicar com afinco à tarefa; demonstra disposição para servir com desprendimento, mantendo-se atualizado em termos doutrinários.

Nas fases iniciais da educação e do desenvolvimento da faculdade mediúnica, os médiuns devem ser acompanhados de perto por orientadores encarnados experientes, elementos ativos do quadro regular de trabalhadores da Casa Espírita, na Área da Mediunidade.

É importante destacar que cada Instituição Espírita tem suas normas e seus critérios de ingresso à reunião mediúnica, os quais não devem criar conflitos com os princípios espíritas da Codificação, nem de outras obras de inestimável valor doutrinário.

Nunca é demais acrescentar que o intercâmbio mediúnico implica conhecimentos e cuidados, a fim de se colherem os bons resultados. A melhoria moral, aliada ao conhecimento espírita, oferece obstáculos às investidas dos Espíritos distanciados do Bem.

> Todas as imperfeições morais são tantas outras portas abertas ao acesso dos Espíritos maus. Porém, a que eles exploram com mais habilidade

> é o orgulho, porque é a que a criatura menos confessa a si mesma. O orgulho tem perdido muitos médiuns dotados das mais belas faculdades e que, se não fora essa imperfeição, teriam podido tornar-se instrumentos notáveis e muito úteis [...]. O prestígio dos grandes nomes, com que se adornam os Espíritos tidos por seus protetores, os deslumbra, e como neles o amor-próprio sofreria, se houvessem de confessar que são ludibriados, repelem todo e qualquer conselho. [...] Aborrecem-se com a menor contestação, com uma simples observação crítica, chegando mesmo a odiar as próprias pessoas que lhes prestam serviço. [...] Devemos também admitir que, muitas vezes, o orgulho é despertado no médium pelas pessoas que o cercam.[37]

É também importante ressaltar que a prática mediúnica deve ser precedida de cursos regulares, teóricos e práticos, fundamentais à formação do futuro trabalhador da mediunidade.

> O médium tem obrigação de estudar muito, observar intensamente e trabalhar em todos os instantes pela sua própria iluminação. Somente desse modo poderá habilitar-se para o desempenho da tarefa que lhe foi confiada, cooperando eficazmente com os Espíritos sinceros e devotados ao bem e à verdade.[38]

No período inicial do exercício mediúnico, o aprendiz deve desenvolver a capacidade de auxiliar os Espíritos que sofrem, educando-se para agir com equilíbrio e controle.

Tais Espíritos, embora se apresentem na condição de enfermos, devem ser devidamente esclarecidos e acolhidos fraternalmente no grupo, refletindo que a maioria deles, possivelmente, ainda não se acha bem adaptada à vida na erraticidade.

O tempo destinado à educação e ao desenvolvimento da faculdade mediúnica não é o mesmo para todo médium, mas está diretamente subordinado aos esforços de cada um.

Os Espíritos comunicantes, que demonstram graves perturbações, são, usualmente, encaminhados pelos Benfeitores espirituais aos grupos mediúnicos, nos quais a equipe revela melhores condições de atendimento e auxílio, porque nessas reuniões há maior homogeneidade de conhecimento espírita e união de sentimentos e pensamentos.

---
37 KARDEC, Allan. *O livro dos médiuns*, pt. 2, cap. 20, it. 228.
38 XAVIER, Francisco C. *O consolador*. Pelo Espírito Emmanuel, q. 392.

São grupos constituídos por um número reduzido de participantes, mas que revelam experiência e habilidade no trato com os Espíritos seriamente desarmonizados.

A prática mediúnica, realizada nessas condições, favorece:

» Bom atendimento aos Espíritos portadores de graves desequilíbrios, como perseguidores, casos graves que envolvem suicídios, homicídios, desencarnação por torturas, ingestão de substâncias químicas viciantes etc.;

» Frequentes manifestações dos benfeitores e orientadores da Vida Maior que esclarecem a respeito do melhor atendimento a tais entidades espirituais;

» Instalação de equipamentos e realização de ações direcionadas para a defesa da Instituição Espírita.

Os integrantes mais experientes desse tipo de reunião mediúnica aprenderam a neutralizar ou amenizar o impacto das influências espirituais perturbadoras, adotando comportamentos de conduta reta, ordeira e moralizadora, além de atualização doutrinária, assim especificados:

» Controle de emissões mentais, sentimentos e ações inferiores, por efeito da vontade sabiamente administrada;

» Aperfeiçoamento do conhecimento espírita pela participação em cursos, encontros, seminários e estudo de obras espíritas;

» Adoção do hábito da oração e da meditação;

» Integração em serviço de auxílio ao próximo, exercitando, assim, a prática da caridade;

» Empenho no combate às imperfeições, de acordo com os preceitos do Evangelho e do Espiritismo, tendo como guia a seguinte instrução de Paulo, o apóstolo, existente em *O evangelho segundo o espiritismo*:

> Fazei, pois, com que os vossos irmãos, ao vos observarem, possam dizer que o verdadeiro espírita e o verdadeiro cristão são uma só e a mesma coisa, visto que todos quantos praticam a caridade são discípulos de Jesus, seja qual for o culto a que pertençam.[39]

---

39 KARDEC, Allan. *O evangelho segundo o espiritismo*, cap. 15, it. 10.

CAPÍTULO 6

A EQUIPE MEDIÚNICA

*[...] mas cada um recebe de Deus seu dom particular;
um, deste modo; outro, daquele modo.*
I Coríntios, 7:7

6.1 Condições aos integrantes do grupo mediúnico

Instrução teórica básica

Entende-se por *instrução teórica básica* o conhecimento doutrinário espírita adquirido pelo integrante do grupo mediúnico em cursos regulares e sistematizados de Espiritismo e de mediunidade. Esclarece Martins Peralva: "O estudo e a fixação do ensino espírita colocam-nos em condições de mais amplo discernimento da vida, dos homens e dos Espíritos".[40]

É relevante que todos os participantes da reunião tenham base doutrinária espírita relacionada às atividades mediúnicas.

Existindo participantes dos cursos com mediunidade aflorada, deverão ser encaminhados ao setor ou à pessoa responsável da Casa Espírita, indicados para atendê-los. Essa medida é importante porque nem sempre é possível para o monitor do curso avaliar a situação com a profundidade requerida ou com isenção de ânimo necessários.

Nessa situação, cada caso será analisado com fraternidade, bom senso e prudência, ponderando se a pessoa deve, efetivamente, participar de um grupo mediúnico, em paralelo aos estudos que realiza. É

---

40 PERALVA, Martins. *Mediunidade e evolução*, cap. 7.

imprudência estimular a prática mediúnica em pessoas que revelem algum tipo de imaturidade doutrinária, emocional, psicológica etc.

Os participantes dos cursos que demonstrem dificuldades espirituais significativas, impeditivas de assimilação de conteúdos doutrinários, deverão ser afastados temporariamente do estudo e encaminhados ao serviço de atendimento espiritual da Casa Espírita para serem auxiliados.

Participantes analfabetos ou com nível de instrução reduzida, ou ainda portadores de deficiência – visual, auditiva etc. –, farão o curso com os demais, porém ser-lhes-á prestada atenção especial, de modo a compensar-lhes as dificuldades, inerentes às limitações que apresentam.

Integração em outras atividades da Casa Espírita

A integração do trabalhador do grupo mediúnico na Casa Espírita é necessária para que ele se sinta e aja como membro de uma mesma família, cooperando com o desenvolvimento institucional.

É importante que ele escolha atividades para as quais revele maior inclinação ou habilidade, que possam auxiliá-lo na melhor compreensão do trabalho que se desenvolve no grupo mediúnico. No entanto, antes de decidir por uma ou outra atividade integratória, deve:

» Procurar quais são as principais atividades disponibilizadas no Centro Espírita;

» Dar preferência, na medida do possível, a serviços que lhe proporcionem a devida compreensão da atividade mediúnica, tais como: atendimento espiritual — que compreende o atendimento fraterno pelo diálogo, transmissão de passe, reunião de irradiação mental, explanação do Evangelho, serviço de visitas a enfermos, Evangelho no Lar —, assistência e promoção social etc.;

» Participar de uma das palestras evangélico-doutrinárias usuais no Centro Espírita;

» Implantar a reunião do Evangelho no Lar, que pode ser realizado a sós — quando a família não aceita essa prática espírita — ou em companhia de familiares e afins;

» Considerar a importância de utilizar o serviço de diálogo fraterno e a recepção de passe sempre que se sentir desarmonizado;

» Considerar o valor de participar de seminários ou cursos relacionados à atividade mediúnica;

» Não descurar do estudo espírita, mantendo-se atualizado doutrinariamente;

» Manifestar, voluntariamente, a vontade de fazer parte de um grupo mediúnico. Nessa situação, a manifestação voluntária do candidato necessita da aprovação do setor competente da Casa Espírita.

> Já se disse que duas asas conduzirão o espírito humano à presença de Deus. Uma chama-se amor, a outra, sabedoria. Pelo amor, que, acima de tudo, é serviço aos semelhantes, a criatura se ilumina e aformoseia por dentro, emitindo, em favor dos outros, o reflexo de suas próprias virtudes; e pela sabedoria, que começa na aquisição do conhecimento, recolhe a influência dos vanguardeiros do progresso, que lhe comunicam os reflexos da própria grandeza, impelindo-a para o Alto. [...] Todos temos necessidade de instrução e de amor. Estudar e servir são rotas inevitáveis na obra de elevação. [...] Conhecer é patrocinar a libertação de nós mesmos, colocando-nos a caminho de novos horizontes na vida. Corre-nos, pois, o dever de estudar sempre, escolhendo o melhor para que as nossas ideias e exemplos reflitam as ideias e os exemplos dos paladinos da Luz.[41]

6.2 Componentes da equipe mediúnica

A seleção de pessoas que deverão compor um grupo mediúnico requer atenção e cuidado, pois, sendo o grupo a soma dos seus componentes, disporá da força e/ou da fraqueza de cada um.

É necessário que todos se estimem, sejam ao menos simpáticos entre si, que atuem de forma consciente, própria do servidor dedicado e responsável, que tenham conhecimento doutrinário suficiente para reconhecer a seriedade e a delicadeza da tarefa e que busquem, continuamente, atingir objetivos superiores.

Léon Denis esclarece que

> A constituição dos grupos [...] comporta regras e condições cuja observância influi consideravelmente no resultado a alcançar. Conforme

---

41 XAVIER, Francisco C. *Pensamento e vida*. Pelo Espírito Emmanuel, cap. 4.

o seu estado psíquico, os assistentes [participantes] favorecem ou embaraçam a ação dos Espíritos. Enquanto uns, só com sua presença facilitam as manifestações, outros lhes opõem um quase insuperável obstáculo.[42]

A direção do grupo deve ser confiada a alguém que tenha "[...] certa posição de liderança, mas é necessário não esquecer nunca de que tal condição não confere a ninguém poderes ditatoriais e arbitrários sobre o grupo".[43]

Os participantes do grupo devem ser movidos pelo sincero desejo de se aperfeiçoarem moral e intelectualmente. Todo esforço deve ser empreendido para transformar a reunião mediúnica em "[...] um ser coletivo, cujas qualidades e propriedades são a resultante das de seus membros, formando uma espécie de feixe. Ora, quanto mais homogêneo for esse feixe, tanto mais força terá".[44]

É importante destacar que é vedada a participação de criança na reunião mediúnica, ainda que apresente mediunidade ostensiva, independentemente de ser harmônica ou desarmônica a ação espiritual manifestada.

As crianças que apresentam mediunidade ostensiva devem ser encaminhadas às reuniões de evangelização espírita e ao serviço de passes, pois se encontram em processo de amadurecimento físico, psíquico, psicológico e espiritual; portanto, não têm discernimento suficiente para participar de atividades mediúnicas, dentro ou fora da Casa Espírita. Os pais serão orientados a: realizar a reunião do Evangelho no Lar, com a presença de crianças e familiares; desenvolver o hábito da prece em conjunto com os filhos e demais membros da família; participar de reuniões públicas de estudo evangélico-doutrinárias.

Nesse sentido, é oportuno destacar a orientação que se segue, presente em *O livro dos médiuns*:

Será inconveniente desenvolver-se a mediunidade nas crianças?

Certamente e sustento mesmo que seria muito perigoso, visto que esses organismos débeis e delicados sofreriam fortes abalos e as imaginações

---

42 DENIS, Léon. *No invísivel*, pt. 1, cap. X.
43 MIRANDA, Hermínio C. de. *Diálogo com as sombras*, pt. 1, cap. 1.
44 KARDEC, Allan. *O livro dos médiuns*, pt. 2, cap. 29, it. 331.

infantis excessiva superexcitação. Assim, os pais prudentes devem afastá-las dessas ideias ou, pelo menos, só lhes falar do assunto do ponto de vista das consequências morais.[45]

6.3 Admissão de participantes

É importante que os componentes do grupo apresentem os quesitos necessários à condição de trabalhador na reunião mediúnica, quais sejam:

» Apresentar condições físicas, emocionais e psíquicas para participar da reunião mediúnica;

» Estar integrado às atividades da Casa Espírita;

» Ter conhecimento doutrinário espírita e, especificamente, mediúnico;

» Assumir compromisso com a atividade mediúnica, demonstrando dedicação, assiduidade, esforço de melhoria espiritual e sintonia com os fins da Doutrina Espírita e os objetivos da Instituição Espírita;

» Participar de palestra evangélico-doutrinária;

» Ter o hábito de realizar a reunião do Evangelho no Lar, como complemento do apoio espiritual às atividades realizadas no grupo mediúnico. Nesse sentido, é importante estar atento a esta orientação do Espírito André Luiz:

> Todo integrante da equipe de desobsessão precisa compreender a necessidade do culto do Evangelho no lar. [...] Além dos companheiros desencarnados que estacionam no lar ou nas adjacências dele, há outros irmãos já desenfaixados da veste física, principalmente os que remanescem das tarefas de enfermagem espiritual no grupo, que recolhem amparo e ensinamento, consolação e alívio, da conversação espírita e da prece em casa.[46]

» Vincular-se apenas às reuniões mediúnicas da própria Casa Espírita.

---

45 KARDEC, Allan. *O livro dos médiuns*, pt. 2, cap. 29, it. 221, q. 6.
46 XAVIER, Francisco C. *Desobsessão*. Pelo Espírito André Luiz, cap. 70.

6.4 Afastamento de participantes

Entende-se por afastamento do trabalhador a sua desvinculação do grupo mediúnico, temporária ou definitivamente, mediante ato da diretoria da Casa, ouvindo o dirigente da reunião mediúnica. Caracterizam o afastamento do trabalhador da reunião mediúnica:

» Ausências sistemáticas às reuniões, sem apresentação de justificativas;

» Falta moral grave ou comportamento social incompatível com os objetivos da atividade mediúnica;

» Impedimentos de natureza física, psíquica ou mental;

» Processo obsessivo que invalida ou dificulta a realização da tarefa.

O afastamento do trabalhador do grupo mediúnico deve ser encaminhado com bom senso e sincero espírito de fraternidade.

Se o participante se encontra sob grave processo obsessivo, deve ser afastado das atividades mediúnicas e encaminhado ao serviço de atendimento espiritual da Casa Espírita — ou à pessoa responsável, na Instituição, por esse gênero de tarefa —, devendo retornar ao grupo mediúnico quando se revelar equilibrado.

É preciso analisar cada caso, transmitindo ao trabalhador o desejo e a disposição de auxiliá-lo. O grupo tem o dever moral de prestar assistência ao integrante afastado, temporária ou permanentemente, da reunião. Nessa situação, agir com prudência, equilíbrio, discrição, no limite das possibilidades de quem auxilia, sem jamais ferir o livre-arbítrio ou impor condições para auxiliar.

Acolher de volta o participante, cessada a causa que originou o seu afastamento, reintegrando-o à prática mediúnica, após o necessário período de harmonização no grupo mediúnico.

6.5 Visitantes

O coordenador da Área da Mediunidade e o dirigente da reunião mediúnica podem aceitar a participação ocasional e restritiva de visitantes desde que seja um amigo da Casa Espírita, em visita ou estágio, e que revele experiência suficiente para se conduzir adequadamente no grupo.

> Essas visitas, no entanto, devem ser recebidas apenas de raro em raro, e em circunstâncias realmente aceitáveis no plano de trabalho de desobsessão, principalmente quando objetivem a fundação de atividades congêneres. [...] Compreende-se que os visitantes não necessitem de comparecimento que exceda de três a quatro reuniões.[47]

---

47 XAVIER, Francisco C. *Desobsessão*. Pelo Espírito André Luiz, cap. 21.

CAPÍTULO 7

ORIENTAÇÕES AOS INTEGRANTES DA EQUIPE MEDIÚNICA

> *Levai, pois, vida de autodomínio e de sobriedade, dedicada à oração. Acima de tudo, cultivai, com todo o ardor, o amor mútuo, porque o amor cobre uma multidão de pecados.*
> *I Pedro, 4:7 a 8*

O bom desempenho da equipe mediúnica está relacionado ao comportamento ético-moral, independentemente do papel que o participante exerça na reunião. No livro *Grilhões partidos* (Prolusão, item 1), Manoel Philomeno de Miranda assinala aspectos que devem marcar a conduta do tarefeiro da mediunidade. Dentre eles, destacamos os seguintes:

Conduta moral sadia – É imprescindível que as emanações psíquicas sejam equilibradas e elevadas, pois constituem o plasma de sustentação daqueles que, em intercâmbio, necessitam dos valiosos recursos de vitalização para o êxito do tentame.

Conhecimento doutrinário – Imprescindível para o discernimento nas relações entre encarnados e desencarnados, neutralizando as más influências espirituais.

Equilíbrio interior dos médiuns e doutrinadores – Favorável, principalmente no atendimento dos Espíritos desarmonizados espiritualmente.

Confiança – Que se traduz pela disposição física e moral para a realização da tarefa, confiando na ação dos benfeitores espirituais.

Médiuns capacitados e disciplinados – Aptos para realizar a tarefa com discernimento e bondade, maturidade e simplicidade, tais médiuns ganham a confiança dos Benfeitores, que passam a auxiliá-los na execução do compromisso assumido.

Pontualidade e perseverança – A reunião mediúnica apresenta etapas de realização bem definidas: horário de início, desenvolvimento e conclusão. O grupo mediúnico é um ser coletivo que necessita da harmonia do conjunto para bem funcionar. Assim, é preciso que cada um busque, não apenas nos dias de reunião, o equilíbrio próprio por meio de preparo doutrinário contínuo, de vigilância permanente.

> Nos trabalhos mediúnicos, são exigíveis hábitos mentais de comportamento enobrecido, e estes não podem ser improvisados. Então, os membros de uma sessão mediúnica são pessoas que devem estar vigilantes normalmente, todos os dias e, em especial, nos reservados ao labor, para que poupem as incursões dos Espíritos levianos e adversários do Bem [...].[48]

Por outro lado, analisa Hermínio Miranda:

> Quanto aos componentes encarnados do grupo, mais uma vez lembramos: é vital que os unam laços da mais sincera e descontraída afeição. O bom entendimento entre todos é condição indispensável, insubstituível, se o grupo almeja tarefas mais nobres. Não pode haver desconfianças, reservas, restrições mútuas. Qualquer dissonância entre os componentes encarnados pode servir de instrumento de desagregação. Os Espíritos desarmonizados sabem tirar partido de tais situações, pois esta é a sua especialidade. Muitos deles não têm feito outra coisa, infelizmente para eles próprios, ao longo dos séculos, senão isto: atirar as criaturas umas contra as outras, dividindo para conquistar.[49]

---

48 FRANCO. Divaldo P.; TEIXEIRA, Raul. *Diretrizes de segurança*, cap. II, it. 33.
49 MIRANDA. Hermínio C. de. *Diálogo com as sombras*, cap. 2. it. 2.1.

CAPÍTULO 8

ORIENTAÇÕES ESPECÍFICAS

A todos os membros da equipe

» Estar solidamente engajado na tarefa, observando "rigorosamente o horário das sessões, com atenção e assiduidade";[50]

» Manter sigilo em relação ao conteúdo da comunicação mediúnica, sobretudo no que diz respeito à pessoa conhecida. O grupo deve evitar qualquer tipo de manifestação de curiosidade, respeitando a intimidade das pessoas;

» Investir no autoaperfeiçoamento e nas ações de conhecimento do outro, procurando entender as diferenças individuais;

» Cultivar a fé e o amor em Deus, em Jesus e em seus mensageiros;

» Analisar as dificuldades encontradas no trabalho, buscando a solução mais adequada, junto ao grupo ao qual está inserido;

» Seguir as orientações de organização e funcionamento da reunião mediúnica, definidas pela Doutrina Espírita;

» Respeitar o momento do diálogo com os Espíritos, auxiliando-os, mentalmente, com bons pensamentos, com as irradiações da prece, da emoção equilibrada e da doação fluídica;

» Reprimir comportamento ou atitude que favoreça o endeusamento de médiuns ou de qualquer outro integrante da equipe;

» Empenhar-se em manter harmônica a saúde física e psíquica;

» Envidar esforços de melhoria moral pelo combate às paixões inferiores e às más tendências;

---

50 XAVIER, Francisco C. *Conduta espírita*. Pelo Espírito André Luiz. cap. 3.

» Manter-se doutrinariamente atualizado, seja por meio de leituras, estudos ou participações em cursos e seminários;

» Participar das reuniões de avaliação da prática mediúnica;

» Cooperar nas atividades de apoio material e espiritual, existentes na Casa Espírita;

» Lembrar que é dever de todos, independentemente da tarefa que realize no grupo, primar pela sustentação harmônica da reunião;

» Estabelecer o hábito da oração, a sós ou em reuniões familiares de estudo do Evangelho, como recurso de assistência dos Benfeitores espirituais, fora da reunião mediúnica.

Orientações ao dirigente da reunião mediúnica

O dirigente é a pessoa que preside os trabalhos, é o responsável pela realização da tarefa no plano físico: abertura, desenvolvimento, conclusão.[51] Sendo assim, coordena, supervisiona, acompanha e avalia as tarefas inerentes à prática mediúnica.

Tal tarefa deve ser delegada ao trabalhador espírita que tenha bom conhecimento da Doutrina Espírita, que se mantenha doutrinariamente atualizado e que demonstre esforço perseverante no tocante à sua reforma íntima, embasada no Evangelho de Jesus. Deve ser alguém que tenha ascendência moral sobre o grupo, fundamentada no exemplo.[52]

São também condições desejáveis ao dirigente encarnado do grupo mediúnico:

» Reportar-se à coordenação geral à qual esteja vinculado para prestar informações solicitadas;

» Estimular a integração da equipe nas atividades da Casa Espírita;

» Acompanhar a assiduidade dos componentes do grupo, adotando medidas cabíveis, segundo os preceitos da fraternidade e da seriedade, decisivos na execução da tarefa;

---

51 SCHUBERT, Suely Caldas. *Obsessão/Desobsessão*, pt. 3, cap. 5.
52 XAVIER, Francisco C. *Conduta espírita*. Pelo Espírito André Luiz. cap. 41 e 42; *O consolador*. Pelo Espírito Emmanuel, q. 387 e 392.

- » Manter o clima de seriedade da reunião, segundo as orientações existentes, especialmente em *O livro dos médiuns*;

- » Vigiar para "não se deixar conduzir por excessiva credulidade no trabalho direcional, nem alimentar, igualmente, qualquer prevenção contra pessoas ou assuntos";[53]

- » Exercer, se necessário, a função de esclarecedor, eximindo-se da de médium ostensivo por não ser possível desempenhar ambos os encargos;[54]

- » Confiar na própria intuição, colocando-a em prática, recordando que os bons dialogadores são bons médiuns intuitivos;

- » "Ser atencioso, sereno e compreensivo no trato com enfermos encarnados e desencarnados, aliando humildade e energia, tanto quanto respeito e disciplina na consecução das próprias tarefas";

- » Desenvolver bom relacionamento com os integrantes do grupo, agindo com imparcialidade;

- » Saber ouvir e ser objetivo no falar;

- » Agir como mediador e evitar a polêmica para que se mantenha o bom entendimento entre os participantes e o atendimento aos manifestantes desencarnados;

- » Saber usar de firmeza nas atividades de direção, a todos tratando com gentileza e lealdade, respeitando-lhes as características individuais. Nesse sentido, procurar conhecer os participantes, suas possibilidades, potencialidades, dificuldades e necessidades, colocando-se à disposição para ajudá-los, no que for possível, sem ferir-lhes a intimidade e o livre-arbítrio;

- » "Desaprovar o emprego de rituais, imagens ou símbolos de qualquer natureza nas sessões, assegurando a pureza e a simplicidade da prática do Espiritismo";[55]

- » Conduzir as dificuldades com tato, energia, humildade e empatia;

- » Ponderar sobre a real necessidade de aplicação do passe, durante a realização da reunião e quando da comunicação dos Espíritos;

- » Possibilitar a avaliação da reunião, coordenando-a.

---

53 XAVIER, Francisco C. *Conduta espírita*. Pelo Espírito André Luiz. cap. 3.
54 Idem, ibidem.
55 Idem. Ibidem.

Orientações ao médium esclarecedor (dialogador ou doutrinador)

O médium esclarecedor é a pessoa que, na reunião, tem a função de ouvir, dialogar e esclarecer os Espíritos necessitados de auxílio que se manifestam em busca de socorro. Ele se mantém consciente de que se encontra perante uma criatura humana que sofre e que, muitas vezes, desconhece a real situação em que se encontra. Assim, é importante que na realização da tarefa apresente as seguintes condições:

» Ter base doutrinária espírita e vivência evangélica;

» Esclarecer com ponderação, consistência doutrinária e Amor, para que sua palavra seja revestida de autoridade moral;

» Lembrar sempre desta oportuna orientação de Kardec: "Por meio de sábios conselhos, é possível induzi-los [os Espíritos] ao arrependimento e apressar o progresso deles";[56]

» Ter discernimento na execução da tarefa, mantendo-se em vigilância contínua, a fim de não ser prejudicado pela vaidade e pelo apego à função exercida;

» Cultivar o hábito da oração, considerando as investidas dos Espíritos desarmonizados;

» Ponderar sobre a real necessidade de aplicação do passe durante a manifestação dos Espíritos;

» Ater-se à função de esclarecedor, eximindo-se de exercer a de médium ostensivo por não ser possível desempenhar ambas as funções.[57]

OBSERVAÇÃO: Cabem ao dialogador as mesmas atribuições do dirigente da reunião, quando for necessário substituí-lo em suas ausências ou impedimentos.

Orientações ao médium de efeitos patentes

O médium ostensivo, ou de efeitos patentes, são os que propiciam a produção de efeitos mediúnicos evidentes e inequívocos, ensejando a manifestação dos Espíritos.

---

56 KARDEC, Allan. *O livro dos médiuns*, pt. 2, cap. 23, it. 354, q. 5.
57 XAVIER, Francisco C. *Conduta espírita*. Pelo Espírito André Luiz, cap. 3.

Os médiuns de efeitos patentes, mais comuns nas reuniões mediúnicas, são os psicofônicos, psicográficos e os videntes.

O livro dos médiuns, segunda parte, apresenta importantes informações a respeito da grande variedade de médiuns, as quais devem ser conhecidas dos integrantes do grupo mediúnico. Para tanto, recomenda-se aos médiuns:

» Ter base doutrinária espírita e vivência evangélica;

» Seguir cuidadosamente as orientações de organização e funcionamento da reunião mediúnica;

» Colaborar na manutenção do clima harmônico e de bem-estar na reunião;

» Auxiliar efetivamente o Espírito comunicante e o médium esclarecedor durante as manifestações mediúnicas;

» Autoavaliar, com bom senso, as comunicações mediúnicas que transmitem;

» Aceitar, sem melindres, a análise das mensagens mediúnicas que veiculam;

» Revelar compromisso com a tarefa, voluntariamente aceita, mantendo-se pontuais e assíduos às reuniões;

» Exercer apenas a função de médium ostensivo, eximindo-se da de esclarecedor por não ser possível desempenhar ambas as funções.[58]

Orientações aos integrantes da equipe de apoio (ou de sustentação)

A equipe de apoio auxilia na realização da atividade mediúnica propriamente dita, fornecendo energia mental e fluídica, beneficiando a todos os membros das equipes, encarnados e desencarnados.

As seguintes características são necessárias à execução da tarefa pela equipe de apoio:

» Permanecer vigilante e confiante em todas as etapas da reunião;

---

58 XAVIER, Francisco C. *Conduta espírita*. Pelo Espirito Andre Luiz, cap. 3.

Nunca permitir-se adormecer durante a reunião, sob qualquer justificativa em que o fenômeno se lhe apresente, porque esse comportamento gera dificuldades para o conjunto, sendo lamentável essa autopermissão...[59]

» Manter-se integrada, concentrada e atenta às solicitações do dirigente, relativas às irradiações, à prece, ao passe etc. Lembrar que a motivação é fator primordial no bom desempenho da tarefas de sustentação da reunião;

» Contribuir sempre com a transmissão de energias psíquicas, harmônicas e amorosas, em benefício dos presentes, encarnados e desencarnados.

---

59 FRANCO, Divaldo P. Responsabilidade mediúnica. Pelo Espírito Manoel Philomeno de Miranda. *In: Reformador*, ano 125, n. 2.144, p. 8(414)-10(416), nov. 2007.

CAPÍTULO 9

O FUNCIONAMENTO DAS REUNIÕES MEDIÚNICAS

*Amados, amemo-nos uns aos outros,
pois o amor vem de Deus [...].*
I João, 4:7

9.1 Condições básicas

Privacidade

A reunião mediúnica deve ser privativa, tendo as portas chaveadas para se evitar a entrada de participantes atrasados ou de pessoas estranhas ao trabalho.

> Aconselhável se feche disciplinarmente a porta de entrada, 15 minutos antes do horário marcado para a abertura da reunião, tempo esse que será empregado na leitura preparatória.[60]

A reunião deve ser realizada com a mesma equipe, previamente definida. Por ser privativa, é vedada a participação de enfermos ou pessoas interessadas em receber benefícios durante a manifestação de Espíritos, uma vez que não é o local nem o momento apropriado para esse tipo de atendimento.

---

60 XAVIER, Francisco C. *Desobsessão*. Pelo Espírito André Luiz, cap. 14.

Regularidade

A reunião será sempre realizada nos dias e horários preestabelecidos, com periodicidade definida pela direção da Casa Espírita — semanal ou quinzenal —, evitando-se a realização de reunião extemporânea ou ocasional, exceto em atendimento a situação especial, definida pela direção da Casa Espírita. Nesse caso, a reunião mediúnica extraordinária revela caráter específico.

Horário

Recomenda-se aguardar até 60 minutos para a manifestação dos Espíritos. Pode-se estabelecer o tempo máximo de duas horas para duração da reunião, considerando-se todas as etapas do trabalho, que começa na leitura preparatória e termina na avaliação.

Ambiente ou local da reunião

A reunião deve ser realizada num local onde seja possível garantir silêncio respeitável e harmonia vibratória, elementos favoráveis à concentração mediúnica e à manifestação de Espíritos necessitados de auxílio. A simplicidade deve ser a tônica do ambiente.

O local da reunião deve ser preservado de movimentação ou ruídos que possam interferir na manutenção da calma, do recolhimento, da concentração, do transe e do intercâmbio mediúnico.

Por sua vez, o comportamento dos participantes deve garantir a harmonia do ambiente antes, durante e após a realização da atividade.

O esclarecedor e o médium psicofônico devem evitar o tom de voz muito alto ou muito baixo durante o diálogo com os Espíritos comunicantes, favorecendo, assim, o acompanhamento e a participação mental e fluídica dos demais membros da equipe.

Na medida do possível, destinar um espaço apenas para a prática mediúnica. Na sala reservada para a prática mediúnica, não devem ser realizadas atividades que não lhe sejam afins, uma vez que os benfeitores espirituais ionizam a atmosfera ambiental, instalam equipamentos e até mantêm Espíritos acomodados no recinto, em espaços semelhantes a pequenas enfermarias.

Há Espíritos que precisam receber mais intensamente as emanações fluídicas do plano físico. Isso é usualmente observado em atendimento aos casos mais graves de suicídio e de Espíritos portadores de sérias deformações, como na situação de zooantropia.

Número de participantes

O número de pessoas que compõem a equipe mediúnica depende do bom senso do dirigente e da capacidade física do ambiente. Allan Kardec ressalta: "[...] o número excessivo dos assistentes constitui uma das causas mais contrárias à homogeneidade".[61]

O Espírito André Luiz adverte que "os componentes da reunião [...] nunca excederão o número de 14".[62] Já Léon Denis afirma: "É prudente não exceder o limite de dez a doze pessoas [...]".[63]

Manifestações dos desencarnados

As comunicações dos Espíritos devem ocorrer de forma espontânea, seguindo a programação determinada pelos mentores espirituais, evitando-se as evocações.

É preferível que as reuniões mediúnicas ocorram no Centro Espírita, não no lar, uma vez que o ambiente doméstico nem sempre se revela propício à manifestação dos Espíritos. Esclarece André Luiz:

> No templo espírita, os instrutores desencarnados conseguem localizar recursos avançados do Plano Espiritual para o socorro a obsidiados e obsessores [...].[64]

9.2 Etapas ou fases da reunião mediúnica

A reunião mediúnica não deve exceder duas horas. A duração de 90 minutos é a mais comum. A manifestação dos Espíritos e o diálogo

---

61 KARDEC, Allan. *O livro dos médiuns*, pt. 2, cap. 29, it. 332.
62 XAVIER, Francisco C. *Desobsessão*. Pelo Espírito André Luiz, cap. 20 e 73.
63 DENIS, Léon. *No invisível*, pt. 1, cap. 9.
64 XAVIER, Francisco C. Op. cit., cap. 9.

não devem ultrapassar 60 minutos, mesmo nas reuniões com duração de duas horas.

Etapa preparatória

» Breve leitura de uma página espírita, seguida de prece, objetiva e concisa, para a abertura da reunião;

» Leitura de pequeno trecho de O evangelho segundo o espiritismo e/ou de O livro dos espíritos, sem comentários.

Observações

» Os participantes que chegarem antes do início da reunião e desejam permanecer na sala mediúnica deverão manter-se em silêncio, guardando a devida harmonia íntima, por meio de meditação ou por leitura edificante. Evitar barulhos, movimentações e conversas no local da reunião;

» Vibrar mentalmente pelas pessoas, encarnadas ou desencarnadas, para as quais se solicita a intercessão dos mentores espirituais, evitando registro de nomes em cadernos ou pedaços de papel.

Etapa do desenvolvimento da reunião mediúnica

Essa fase caracteriza-se pela manifestação dos Espíritos necessitados de auxílio e de diálogo que com eles se realiza, objetivando esclarecimento e auxílio.

Conforme o planejamento espiritual, benfeitores espirituais podem se manifestar nesse momento inicial da reunião, pela psicofonia ou pela psicografia.

Em geral, a manifestação inicial do amigo espiritual é para prestar esclarecimentos a respeito do trabalho de intercâmbio mediúnico, de atendimento aos Espíritos que sofrem.

Os médiuns psicofônicos e videntes são os que mais atuam no atendimento direto aos sofredores. Daí ser importante observarem o seguinte:

» Controlar o tom da voz durante as comunicações psicofônicas para favorecer a audição dos demais participantes – os quais, tomando conhecimento da problemática do manifestante, auxiliam-no fluidicamente – e, ao mesmo tempo, manter a harmonia vibratória do ambiente;

» É importante que os médiuns psicofônicos controlem o número de comunicações a fim de propiciar a participação de outros médiuns;

» Os médiuns de psicofonia devem observar atentamente as seguintes orientações transmitidas, respectivamente, pelos Espíritos André Luiz e Manoel Philomeno de Miranda:

> Só se devem permitir, a cada médium, duas passividades por reunião, eliminando com isso maiores dispêndios de energia e manifestações sucessivas ou encadeadas, inconvenientes sob vários aspectos.[65]

> Tratando-se de um grupo com médiuns atuantes (que já sabem administrar bem o tempo), duas comunicações são suficientes para cada sensitivo, excepcionalmente, três. Deve-se evitar um número maior de passividades por causa do desgaste físico e psíquico do médium.[66]

» É desejável o atendimento individual ao Espírito sofredor que se manifesta, um por vez, permitindo que este seja mais integralmente beneficiado pelo socorro que lhe é prestado pelo grupo. Esclarece a respeito o Espírito André Luiz:

> Os médiuns psicofônicos, muito embora por vezes se vejam pressionados por entidades em aflição, cujas dores ignoradas lhes percutem nas fibras mais íntimas, educar-se-ão, devidamente, para só oferecer passividade ou campo de manifestação aos desencarnados inquietos quando o clima da reunião lhes permita o concurso na equipe em atividade. Isso, porque, na reunião, é desaconselhável se verifique o esclarecimento simultâneo a mais de duas entidades carentes de auxílio, para que a ordem seja naturalmente assegurada.[67]

Quanto aos médiuns esclarecedores (dialogadores ou doutrinadores), é importante estarem atentos:

---

65 XAVIER, Francisco C. *Desobsessão*. Pelo Espírito André Luiz, cap. 40.
66 FRANCO, Divaldo P. *Qualidade na prática mediúnica*, pt. 2. Divaldo responde, it. Funcionamento, p. 81.
67 XAVIER, Francisco C. Op. cit., cap. 39.

> À administração do tempo destinado ao esclarecimento doutrinário, evitando diálogos muito longos ou excessivamente curtos, ambos totalmente improdutivos;

> Ao emprego correto das palavras e à emissão de vibrações aos Espíritos manifestantes, necessitados de ajuda, atendendo-os com bondade, gentileza e equilíbrio;

> À real necessidade de aplicação do passe, à emissão de prece ou à indução sonoterápica sempre que se fizer necessário, em auxílio ao médium e ao Espírito comunicante.

Os médiuns psicógrafos podem receber mensagens de orientadores e de bons Espíritos, enquanto os psicofônicos transmitem as comunicações de Espíritos necessitados.

Em certas reuniões mediúnicas, há um momento específico para a psicografia, antes ou depois das manifestações dos Espíritos sofredores. Essa decisão fica a critério da organização planejada para o grupo mediúnico.

Etapa de encerramento da reunião mediúnica

Concluídas as manifestações dos Espíritos, o dirigente da reunião realiza vibrações (irradiações mentais) ou indica alguém para fazê-lo. Em seguida, profere-se a prece final.

Observações

> Não ultrapassar o horário de funcionamento da reunião. No momento das irradiações, os participantes podem, mentalmente, solicitar auxílio aos benfeitores espirituais em favor de alguém;

> Não realizar irradiações e preces longas;

> As irradiações podem ser empregadas antes da manifestação dos Espíritos. É comum, porém, fazê-las ao final, favorecendo a recuperação das energias desprendidas durante a prática mediúnica.

Avaliação da reunião mediúnica

Após a prece final, faz-se uma breve avaliação do trabalho mediúnico realizado. Pode-se, neste momento, fazer leitura de mensagens psicográficas.

Outra avaliação da tarefa, mais demorada, também executada na Casa Espírita, pode ser feita em dia e hora preestabelecidos, a qual tem como finalidades:

» Fortalecimento e segurança da equipe;

» Análise do correto desenvolvimento da atividade mediúnica e do desempenho de todos os membros do grupo mediúnico;

» Avaliação do atendimento espiritual prestado aos Espíritos necessitados e o conteúdo das comunicações mediúnicas, independentemente de terem sido transmitidas por Benfeitores espirituais ou por Espíritos em processos de reajuste;

» Conhecimento da produtividade do grupo;

» Apoio ao médium principiante;

» Correções de rumos e de atitudes favoráveis à manutenção da harmonia da equipe e do atendimento aos Espíritos.

Essas duas avaliações não devem ser dispensadas, sob quaisquer justificativas. A segunda, por se tratar de reunião especial, deve seguir um cronograma (bimensal ou trimestral) de acordo com as necessidades identificadas.

A atividade avaliativa deve transcorrer num clima harmônico, fraterno e de respeito mútuo, por mais difíceis sejam os assuntos a serem analisados.

São considerados critérios da avaliação mediúnica:

» Impessoalidade;

» Autopercepção e autoavaliação;

» Melhoria do trabalho mediúnico, em si.

CAPÍTULO 10

ARQUITETOS ESPIRITUAIS[68]

Examinando os variados setores de nossas atividades e encarecendo o valor da contribuição dos diversos amigos que colaboram conosco, é preciso salientar o esforço dos Espíritos arquitetos em nossa equipe de trabalhos habituais.

Em cada reunião espírita, orientada com segurança, temo-los prestativos e operantes, eficientes e unidos, manipulando a matéria mental necessária à formação de quadros educativos.

Simplifiquemos o assunto, quanto seja possível, para compreendermos a necessidade de nosso auxílio a esses obreiros silenciosos.

Aqui, como em toda parte onde tenhamos uma agremiação de pessoas com fins determinados, existe na atmosfera ambiente um centro mental definido para o qual convergem todos os pensamentos, não somente nossos, mas também daqueles que nos comungam as tarefas gerais.

Esse centro abrange vasto reservatório de plasma sutilíssimo de que se servem os trabalhadores a que nos referimos na extração dos recursos imprescindíveis à criação de formas-pensamento, constituindo entidades e paisagens, telas e coisas semi-inteligentes, com vistas à transformação dos companheiros dementados que intentamos socorrer.

Uma casa como a nossa será, inevitavelmente, um pouso acolhedor, abrigando, em nossos objetivos de confraternização, os amigos desencarnados, enfermos e sofredores, a se desvairarem na sombra.

Para que se recuperem, é indispensável que recebam o concurso de imagens vivas sobre as impressões vagas e descontínuas a que se recolhem. E para esse gênero de colaboração especializada, são trazidos os arquitetos da vida espiritual, que operam com precedência

---
[68] Mensagem psicofônica recebida pelo médium Francisco Cândido Xavier, publicada no livro: *Instruções psicofônicas*. Por diversos Espíritos. 10. ed. 1. imp. Brasília: FEB, 2013, cap. 44, p. 229-231.

em nosso programa de obrigações, consultando as reminiscências dos comunicantes que devam ser amparados, observando-lhes o pretérito e anotando-lhes os labirintos psicológicos, a fim de que em nosso santuário sejam criados, temporariamente embora, os painéis movimentados e vivos, capazes de conduzi-los à metamorfose mental, imprescindível à vitória do bem.

É assim que, aqui dentro, em nossos horários de ação, formam-se jardins, templos, fontes, hospitais, escolas, oficinas, lares e quadros outros em que os nossos companheiros desencarnados se sintam como que tornando à realidade pregressa, através da qual se põem mais facilmente ao encontro de nossas palavras, sensibilizando-se nas fibras mais íntimas e favorecendo-nos, assim, a interferência que deve ser eficaz e proveitosa.

Delitos, dificuldades, problemas e tragédias que ficaram a distância requisitam dos nossos companheiros da ilustração espiritual muito trabalho para que sejam devidamente revisionados, objetivando-se o amparo a todos aqueles que nos visitam, em obediência aos planos traçados de Mais Alto.

É assim que as forças mento-neuro-psíquicas de nosso agrupamento são manipuladas por nossos desenhistas na organização de fenômenos que possam revitalizar a visão, a memória, a audição e o tato dos Espíritos sofredores, ainda em trevas mentais.

Espelhos ectoplásmicos e recursos diversos são também por eles improvisados, ajudando a mente dos nossos amigos encarnados, que operam na fraseologia assistencial, dentro do Evangelho de Jesus, a fim de que se estabeleça perfeito serviço de sintonia entre o necessitado e nós outros.

Para isso, porém, para que a nossa ação se caracterize pela eficiência, é necessário oferecer-lhes o melhor material de nossos pensamentos, palavras, atitudes e concepções.

Toda cautela é recomendável no esforço preparatório da reunião de intercâmbio com os desencarnados menos felizes, porque a ela compareceremos na condição de enfermeiros e instrutores, ainda mesmo quando não tenhamos, em nosso campo de possibilidades individuais, o remédio ou o esclarecimento indispensáveis.

Em verdade, contudo, por meio da oração, convertemo-nos em canais do socorro divino, apesar da precariedade de nossos recursos, e, em vista disso, é preciso que haja de nossa parte muita tranquilidade, carinho, compreensão e amor, a fim de que a colaboração dos nossos companheiros arquitetos encontre em nós base segura para a formação dos quadros de que nos utilizamos na obra assistencial.

Nossa palavra é simplesmente a palavra de um aprendiz.

Achamo-nos entre os mais humildes recém-vindos à lide espiritual, mas, aproveitando as nossas experiências do passado, tomamos a liberdade de palestrar, comentando alguns dos aspectos de nossa sementeira e de nossa colheita, que funcionam todos os dias, conforme o ensinamento imortal do Senhor: "A cada um por suas obras".

Efigênio S. Vítor

REFERÊNCIAS

Sê tu mesmo modelo de belas obras, íntegro e grave na exposição da verdade, exprimindo-te numa linguagem digna e irrepreensível, para que o adversário, nada tendo que dizer contra nós, fique envergonhado.
Tito, 2:7 a 8

BÍBLIA DE JERUSALÉM. Tradução e coordenação de Gilberto Silva Gorgulho, Ivo Storniolo e Ana Flora Anderson e mais outros tradutores. São Paulo: Paulus, 2004.

DÉNIS, Léon. *No invisível.* Tradução de Leopoldo Cirne. 26. ed. 1. imp. Brasília: FEB, 2014.

_____. *O problema do ser, do destino e da dor.* 32. ed. 5. imp. Brasília: FEB, 2015.

FEDERAÇÃO ESPÍRITA BRASILEIRA. *Orientação ao centro espírita.* (novo projeto). Rio de Janeiro: FEB/CFN, 2007.

_____. *Reformador.* ano 125, n. 2.144, p. 8(414)-10(416), nov. 2007.

FRANCO, Divaldo Pereira. *Grilhões partidos.* Pelo Espírito Manoel Philomeno de Miranda. Salvador: Leal, 1981.

_____. *Nos bastidores da obsessão.* Pelo Espírito Manoel Philomeno de Miranda. 12. ed. 4. reimp. Rio de Janeiro: FEB, 2011.

FRANCO, Divaldo Pereira. *Sexo e obsessão.* Pelo Espírito Manoel Philomeno de Miranda. Salvador: Leal, 2000.

_____. *Trilhas da libertação.* Pelo Espírito Manoel Philomeno de Miranda. 10. ed. 3. imp. Brasília: FEB, 2014.

FRANCO, Divaldo Pereira; TEIXEIRA, Raul. *Diretrizes de segurança.* 3. ed. Rio de Janeiro: Fráter, 1990.

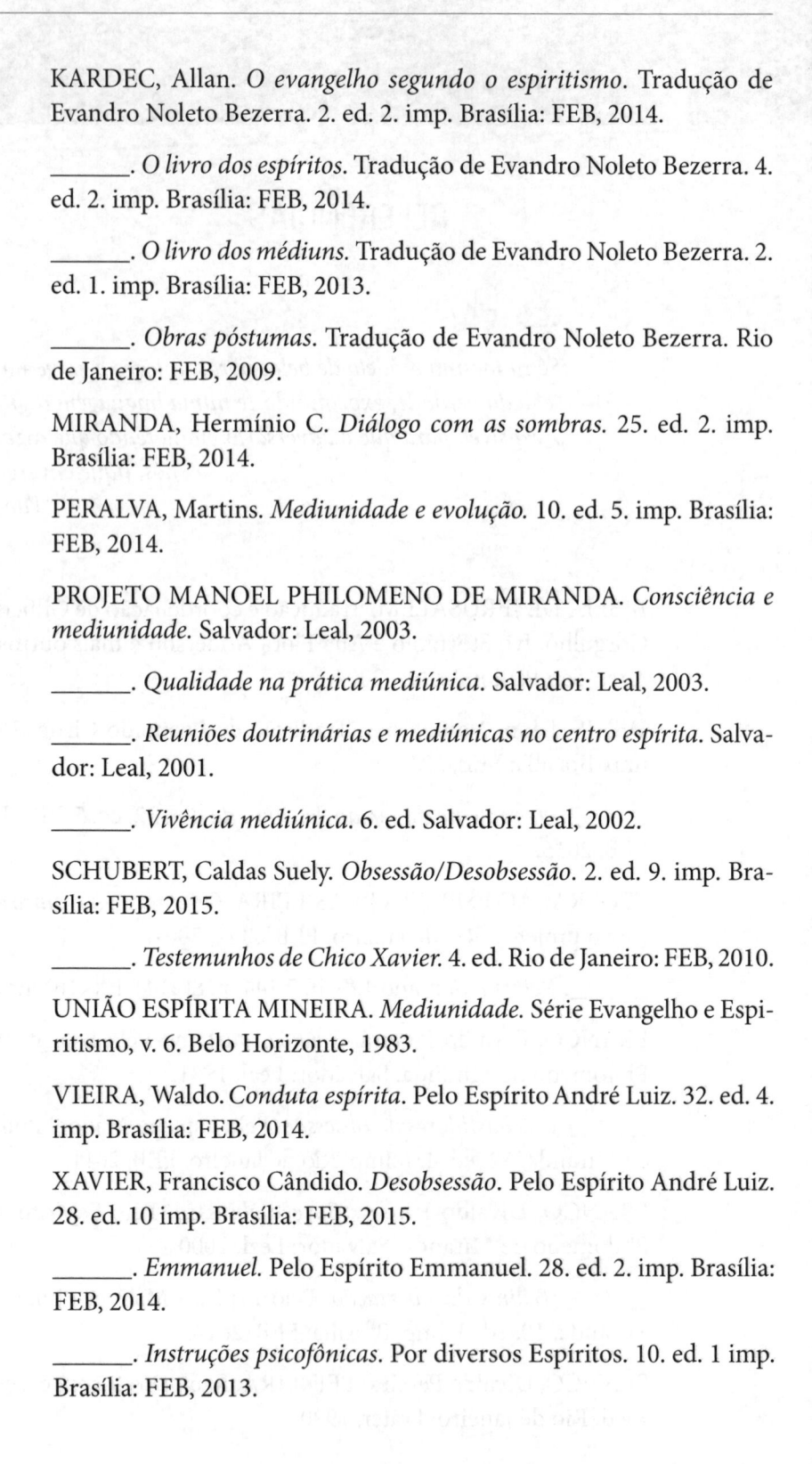

KARDEC, Allan. *O evangelho segundo o espiritismo.* Tradução de Evandro Noleto Bezerra. 2. ed. 2. imp. Brasília: FEB, 2014.

_____. *O livro dos espíritos.* Tradução de Evandro Noleto Bezerra. 4. ed. 2. imp. Brasília: FEB, 2014.

_____. *O livro dos médiuns.* Tradução de Evandro Noleto Bezerra. 2. ed. 1. imp. Brasília: FEB, 2013.

_____. *Obras póstumas.* Tradução de Evandro Noleto Bezerra. Rio de Janeiro: FEB, 2009.

MIRANDA, Hermínio C. *Diálogo com as sombras.* 25. ed. 2. imp. Brasília: FEB, 2014.

PERALVA, Martins. *Mediunidade e evolução.* 10. ed. 5. imp. Brasília: FEB, 2014.

PROJETO MANOEL PHILOMENO DE MIRANDA. *Consciência e mediunidade.* Salvador: Leal, 2003.

_____. *Qualidade na prática mediúnica.* Salvador: Leal, 2003.

_____. *Reuniões doutrinárias e mediúnicas no centro espírita.* Salvador: Leal, 2001.

_____. *Vivência mediúnica.* 6. ed. Salvador: Leal, 2002.

SCHUBERT, Caldas Suely. *Obsessão/Desobsessão.* 2. ed. 9. imp. Brasília: FEB, 2015.

_____. *Testemunhos de Chico Xavier.* 4. ed. Rio de Janeiro: FEB, 2010.

UNIÃO ESPÍRITA MINEIRA. *Mediunidade.* Série Evangelho e Espiritismo, v. 6. Belo Horizonte, 1983.

VIEIRA, Waldo. *Conduta espírita.* Pelo Espírito André Luiz. 32. ed. 4. imp. Brasília: FEB, 2014.

XAVIER, Francisco Cândido. *Desobsessão.* Pelo Espírito André Luiz. 28. ed. 10 imp. Brasília: FEB, 2015.

_____. *Emmanuel.* Pelo Espírito Emmanuel. 28. ed. 2. imp. Brasília: FEB, 2014.

_____. *Instruções psicofônicas.* Por diversos Espíritos. 10. ed. 1 imp. Brasília: FEB, 2013.

_____. *Missionários da luz*. Pelo Espírito André Luiz. 45. ed. 2. imp. Brasília: FEB, 2015.

_____. *Nos domínios da mediunidade*. Pelo Espírito André Luiz. 36. ed. 3. imp. Brasília: FEB, 2015.

_____. *No mundo maior*. Pelo Espírito André Luiz. 28. ed. 2. imp. Brasília: FEB, 2013.

_____. *O consolador*. Pelo Espírito Emmanuel. 29. ed. 1. imp. Brasília: FEB, 2013.

_____. *Os mensageiros*. Pelo Espírito André Luiz. 47. ed. 4. imp. Brasília: FEB, 2015.

_____. *Mecanismos da mediunidade*. Pelo Espírito André Luiz. 28. ed. 2. imp. Brasília: FEB, 2013.

_____. *Pão nosso*. Pelo Espírito Emmanuel. 8. imp. Brasília: FEB, 2015.

_____. *Pensamento e vida*. Pelo Espírito Emmanuel. 19. ed. 2. imp. Brasília: FEB, 2015.

_____. *Seara dos médiuns*. Pelo Espírito Emmanuel. 20. ed. 1 imp. Brasília: FEB, 2013.

SEGUNDA PARTE

RESUMO DE *O LIVRO DOS MÉDIUNS*

O ENSINO ESPECIAL DOS ESPÍRITOS SOBRE A TEORIA DE TODOS OS GÊNEROS DE MANIFESTAÇÕES, OS MEIOS DE COMUNICAÇÃO COM O MUNDO INVISÍVEL, O DESENVOLVIMENTO DA MEDIUNIDADE, AS DIFICULDADES E OS ESCOLHOS QUE SE PODEM ENCONTRAR NA PRÁTICA DO ESPIRITISMO, CONSTITUINDO O SEGUIMENTO DE *O LIVRO DOS ESPÍRITOS*.

INTRODUÇÃO DE *O LIVRO DOS MÉDIUNS*

O livro dos médiuns, ou *Guia dos médiuns e dos evocadores*, segunda obra da Codificação Espírita, publicada em 15 de janeiro de 1861, em Paris, França, foi considerado pelo seu autor, Allan Kardec, continuação de *O livro dos espíritos*: "Diremos, porém, a quem desejar ocupar-se seriamente da matéria, que primeiro leia *O livro dos espíritos* [...]." (*O livro dos médiuns*, Introdução).

O livro dos médiuns foi elaborado a partir do opúsculo *Instrução prática sobre as manifestações espíritas*, editada em 1858 (traduzida e publicada pela FEB em 2006), mas, como qualquer obra da Codificação Espírita, está fundamentada nos princípios espíritas que constituem *O livro do espíritos*, como se observa na imagem que se segue.

O livro dos espíritos - 1857

O evangelho segundo o espiritismo - 1864
3ª parte: Leis morais (caps. I a XII)

O livro dos médiuns - 1861. 2ª parte: Mundo espiritual (caps. VI a XI)

O céu e o inferno - 1865. 4ª parte: Das esperanças e consolações (caps. I e II)

A gênese. 1ª parte: Causas primárias (caps. II, III e IV). 2ª parte: caps. IX, X e XI. 3ª parte: caps. IV e V

Allan Kardec acrescenta estes comentários a respeito da obra, assim resumidos:

» Os "[...] desenganos encontrados na prática do Espiritismo resultam da falta de conhecimento dos princípios desta ciência [...]."

» Como entrar em comunicação com os desencarnados:

> Enganar-se-ia igualmente quem pensasse encontrar nesta obra uma receita universal e infalível para formar médiuns. Embora cada um traga em si o gérmen das qualidades necessárias para se tornar médium, tais qualidades existem em graus muito diferentes e o seu desenvolvimento depende de causas que criatura alguma pode provocar à vontade. As regras da poesia, da pintura e da música não fazem que se tornem poetas, pintores ou músicos os que não possuem o gênio dessas Artes; apenas os guiam no emprego de suas faculdades naturais. Dá-se a mesma coisa com o nosso trabalho; seu objetivo consiste em indicar os meios de desenvolver a faculdade mediúnica, tanto quanto o permitam as disposições de cada um e, sobretudo, dirigir-lhe o emprego de maneira proveitosa, quando existir a faculdade. Este, porém, não é o único objetivo a que nos propusemos.

» Orienta as pessoas sobre a "[...] maneira de conversarem com os Espíritos, ensinar-lhes os meios de conseguirem boas comunicações, tal é a esfera que devemos abranger, sob pena de fazermos trabalho incompleto."

» "Dirigimo-nos aos que veem no Espiritismo um objetivo sério, aos que compreendem toda a sua gravidade e não fazem mero passatempo das comunicações com o mundo invisível."

» "A ignorância e a leviandade de certos médiuns têm gerado mais prejuízos do que se pensa na opinião de muita gente."

1 Plano geral da obra

O LIVRO DOS MÉDIUNS	
Primeira Parte	Segunda Parte
Noções Preliminares	Manifestações Espíritas
Introdução e 4 capítulos	32 capítulos
1. INTRODUÇÃO E CONCEITOS BÁSICOS — 1ª Parte — Cap. I a IV	
2. MEDIUNIDADE OU FACULDADE MEDIÚNICA — 2ª Parte — Cap. I a XIII	
3. MÉDIUNS — 2ª Parte — Cap. XIV a XXII	
4. OBSESSÃO — 2ª Parte — Cap. XXIII	
5. REUNIÃO MEDIÚNICA — 2ª Parte — Cap. XIV a XXX	
6. ABRANGÊNCIA DA PRÁTICA MEDIÚNICA — 2ª Parte — Cap. XXXI XXXII	

CAPÍTULO: 1 HÁ ESPÍRITOS?

A resposta à instigante pergunta é fundamental para o entendimento dos ensinamentos espíritas, sobretudo da prática mediúnica, suas finalidades e condições de execução. Destacamos pontos relevantes:

1. "A dúvida relativa à existência dos Espíritos tem corno causa principal a ignorância a respeito da sua verdadeira natureza. Geralmente, são figurados como seres à parte na Criação [...]"(it. 1).

2. "Seja qual for a ideia que se faça dos Espíritos, a crença neles necessariamente se baseia na existência de um princípio inteligente fora da matéria." (it. 1).

3. A "[...] sobrevivência e a individualidade da alma, que têm no *espiritualismo* a sua demonstração teórica e dogmática e [tem] no *Espiritismo*, a demonstração positiva." (it. 1).

4. "Desde que se admite a existência da alma e sua individualidade após a morte, é preciso que se admita, também: 1º, que a sua natureza é diferente da do corpo, visto que, separada deste, deixa de ter as propriedades peculiares ao corpo; 2º, que goza da consciência de si mesma, pois é passível de alegria ou sofrimento, sem o que seria um ser inerte e de nada nos valeria possuí-la." (it. 2).

5. Admitido isto, "tem-se que admitir que essa alma vai para alguma parte. Que vem a ser feito dela e para onde vai? Segundo a crença vulgar, a alma vai para o Céu, ou para o inferno. Mas, onde ficam o Céu e o inferno?" (it. 2).

6. "Não podendo a doutrina da localização das almas se harmonizar com os dados da Ciência, outra doutrina mais lógica lhes deve marcar o domínio, não um lugar determinado e circunscrito, mas o espaço universal: é todo um mundo invisível, no meio do qual vivemos, que nos cerca e nos acotovela incessantemente. Haverá nisso alguma impossibilidade, alguma coisa que repugne à razão?" (it. 2).

7. "Notai que a incredulidade, com relação ao local das penas e recompensas futuras [inferno, purgatório e Céu, por exemplo, é provocada pelo fato de umas e outras serem apresentadas, em geral, em condições inadmissíveis." (it. 2).

8. "Dizei, em vez disso, que as almas tiram de si mesmas a sua felicidade ou a sua desgraça; que a sorte delas está subordinada ao estado moral de cada uma [...]. Dizei também que as almas não atingem o grau supremo senão pelos esforços que façam para se melhorarem e depois de uma série de provas adequadas à sua purificação; que os anjos são almas que alcançaram o último grau da escala, grau que todas podem atingir [...]." (it. 2).

9. "[...] os anjos são os mensageiros de Deus, encarregados de velar pela execução de seus desígnios em todo o universo, que se sentem felizes com o desempenho dessas missões gloriosas [...]." (it. 2).

10. "[...] os demônios são simplesmente as almas dos maus, ainda não purificadas, mas que podem, como as outras, alcançar o mais alto grau da perfeição, e isto parecerá mais conforme à justiça e à bondade de Deus [...]." (it. 2).

11. A Humanidade que habita o mundo espiritual, para onde todos iremos após a morte do corpo físico, não é constituída de seres criados à parte da criação, como nos informam a Mitologia e teosofias religiosas: "Ora, essas almas que povoam o espaço são justamente aquilo a que chamamos *Espíritos*. Assim, pois, os Espíritos são apenas as almas dos homens, despojadas do invólucro corpóreo. [...]" (it. 2).

12. Mas como essas almas se apresentam no Plano Espiritual?

> Figuremos, primeiramente, o Espírito em sua união com o corpo. Ele é o ser principal, pois é o *ser que pensa e sobrevive*. O corpo não passa de um *acessório* do Espírito, de um envoltório, de uma veste, que ele deixa quando está usada. Além desse envoltório material, o Espírito tem um segundo, semimaterial, que o liga ao primeiro. Por ocasião da morte, despoja-se deste, porém não do outro, a que damos o nome de *perispírito* (it. 3).

13. "Esse envoltório semimaterial, que tem a forma humana, constitui para o Espírito um corpo fluídico, vaporoso, mas que, pelo fato de nos ser invisível no seu estado normal, não deixa de ter algumas das propriedades da matéria." (it. 3)

14. Admitida a existência, sobrevivência e individualidade do Espírito, pergunta-se: *Os chamados mortos podem se comunicar com as pessoas que vivem no plano físico?* Kardec responde a pergunta com outra:

> O Espírito não é, pois, um ponto, uma abstração, mas um ser limitado e circunscrito, ao qual só falta ser visível e palpável para se assemelhar aos seres humanos [encarnados]. Por que, então, não haveria de atuar sobre a matéria? (it. 4).

15. "Como a existência da alma e a de Deus, consequência uma da outra, constituem a base de todo o edifício, antes de iniciarmos qualquer discussão espírita, precisamos saber se o nosso interlocutor admite essa base. Se a estas questões: Credes em Deus? Credes que tendes uma alma? Credes na sobrevivência da alma após a morte?" (it. 4. Veja as questões 76 a 83 de *O livro dos espíritos*).

… RESUMO DE *O LIVRO DOS MÉDIUNS* – PARTE 1 NOÇÕES PRELIMINARES

CAPÍTULO 2: O MARAVILHOSO E O SOBRENATURAL

Allan Kardec analisa a atração humana pelos acontecimentos classificados como sobrenaturais, supostamente entendidos conforme colocados acima ou além das Leis da Natureza. Nessa situação, apresentam-se ao entendimento popular sob o aspecto de algo "maravilhoso", "mágico" ou "fantástico". Incluem nesse rol os fatos e as ocorrências espirituais, sobretudo os mediúnicos, a despeito de serem corriqueiros na sociedade humana, do passado e do presente.

Vemos, então, que a existência do Espírito e suas ações nada têm de sobrenatural nem contrariam as Leis da Natureza quando passamos a conhecer as normas das manifestações dos fenômenos espíritas.

Partimos da concepção elementar de que

> O pensamento é um dos atributos do Espírito. A possibilidade, que eles [os Espíritos] têm, de atuar sobre a matéria, de nos impressionar os sentidos e, por conseguinte, de nos transmitir seus pensamentos, resulta, se assim nos podemos exprimir, da sua própria constituição fisiológica. Logo, nada há de sobrenatural neste fato, nem de maravilhoso (it. 7).

Entretanto,

> Que um homem morto e bem morto volte a viver corporalmente, que seus membros dispersos se reúnam para lhe formarem de novo o corpo, isto sim, seria maravilhoso, sobrenatural, fantástico. Haveria aí uma verdadeira derrogação da lei, o que somente por milagre Deus poderia praticar. Não existe, porém, coisa alguma de semelhante na Doutrina Espírita (it. 7).

"Não obstante, objetarão, admitis que um Espírito pode suspender uma mesa e mantê-la no espaço sem ponto de apoio. Não constitui isto uma derrogação da lei de gravidade? — Sim, mas da lei conhecida; a Natureza, contudo, já vos disse a sua última palavra?" (it. 8). É preciso entender melhor as coisas. Por exemplo, é possível anular a lei da gravidade? Tal como acontece quando um objeto mais pesado que o ar, um avião pode manter-se livre na atmosfera, no ar, sem se apoiar em nada.

Os fenômenos espíritas, mediúnicos ou não, precisam ser mais bem conhecidos. Considerando que,

> [...] do ponto de vista teórico, no princípio de que todo efeito inteligente deve ter uma causa inteligente e, do ponto de vista prático, na observação de que os fenômenos ditos espíritas, por terem dado provas de inteligência, hão de ter sua causa fora da matéria; mais ainda: que essa inteligência, não sendo a dos assistentes — o que a experiência atesta — havia de estar fora deles. Visto que não se via o ser que atuava, deveria tratar-se, necessariamente, de um ser invisível (it. 9).

Assim foi que, de observação em observação, se chegou a reconhecer que esse ser invisível, a que deram o nome de Espírito, não é senão a alma dos que viveram corporalmente, aos quais a morte despojou de seu grosseiro envoltório visível, deixando-lhes apenas um envoltório etéreo, invisível no seu estado normal. Eis, pois, o maravilhoso e o sobrenatural reduzidos à sua expressão mais simples (it. 9).

Uma vez comprovada a existência dos seres invisíveis, a ação deles sobre a matéria resulta da natureza do corpo fluídico que os reveste. Essa ação é inteligente porque, ao morrerem, eles perderam tão somente o corpo, conservando a inteligência que lhes constitui a própria essência (it. 9).

A existência dos Espíritos não é, portanto, um sistema preconcebido, uma hipótese imaginada para explicar os fatos: é o resultado de observações e consequência natural da existência da alma. Negar essa causa é negar a alma e seus atributos (it. 9).

Para os que consideram a matéria a única potência da Natureza, *tudo o que não pode ser explicado pelas leis da matéria é maravilhoso, ou sobrenatural*. Para eles, maravilhoso é sinônimo de *superstição*. Se fosse assim, a Religião, que se baseia na existência de um princípio imaterial, seria um mosaico de superstições (it. 10).

Os que atacam o Espiritismo em nome do maravilhoso [fantasioso] se apoiam geralmente no princípio materialista, uma vez que, negando qualquer efeito extramaterial, negam, automaticamente, a existência da alma (it. 11).

Em lógica elementar, para se discutir uma coisa é preciso conhecê-la, porquanto a opinião de um crítico só tem valor quando ele fala com perfeito conhecimento de causa. Só então a sua opinião, ainda que errônea, poderá ser tomada em consideração. Mas, que peso terá, quando ele tratar de matéria que não conhece? (it. 12)

A verdadeira crítica deve dar provas, não só de erudição, mas também de profundo conhecimento do objeto tratado, de isenção no julgamento e de imparcialidade a toda prova (it. 12).

O Espiritismo, portanto, não aceita todos os fatos considerados maravilhosos. Longe disso, demonstra a impossibilidade de grande número deles e o ridículo de certas crenças que constituem, propriamente falando, a superstição (it. 13).

A aquisição de qualquer ciência exige tempo e estudo. Ora, o Espiritismo, que toca nas mais graves questões da Filosofia, em todos os ramos da ordem social, que abrange tanto o homem físico quanto o homem moral, é, em si mesmo, uma ciência, uma filosofia, que já não podem ser aprendidas em algumas horas, como nenhuma outra ciência (it. 13).

Haveria tanta ingenuidade em se querer ver todo o Espiritismo numa mesa girante, como toda a Física em alguns brinquedos infantis (it. 13).

Quem não quiser ficar na superfície, precisará, não de algumas horas somente, mas de meses e anos, para sondar todos os seus segredos. Por aí se pode apreciar o grau de saber e o valor da opinião dos que se atribuem o direito de julgar, só porque viram uma ou duas experiências, na maioria das vezes como distração ou passatempo (it. 13).

1 Conceitos complementares

Misticismo – inclinação para acreditar em forças e entes sobrenaturais; crença de que o ser humano pode se comunicar com a divindade ou dela receber comunicações; tendência para vida contemplativa (ascetismo) e prática de rituais, decorrentes da crença em seres e forças sobrenaturais.

Magia – há vários conceitos que se assemelham, porém o mais estudado traz este significado: arte, ciência ou prática baseada na crença de ser possível influenciar o curso dos acontecimentos e produzir efeitos não naturais (comuns), valendo-se da intervenção de seres fantásticos e da manipulação de algum princípio oculto supostamente presente na Natureza seja por meio de fórmulas rituais ou de ações simbólicas.

Mágico – aquilo que tem ou não explicação racional; efeito fantástico ou maravilhoso.

Fantástico – fantasia; o que só existe na imaginação.

Maravilhoso – que provoca grande admiração; deslumbramento; que prima pela perfeição; de grande beleza; que encerra prodígio.

Sobrenatural – fora das leis naturais; fora do comum; que é conhecido ou explicado apenas pela fé.

Superstição – crença ou noção sem base racional ou no conhecimento que leva a criar falsas obrigações, a temer coisas inócuas, a depositar confiança em coisas absurdas; crença em presságios ou sinais, relacionados às manifestações religiosas primitivas.

CAPÍTULO 3: MÉTODO

Consta em *O livro dos médiuns*, capítulo III, primeira parte, orientações de como realizar o ensino/estudo do Espiritismo, assim como uma classificação dos *opositores* da Doutrina Espírita e, outra, a dos *adeptos* do Espiritismo, ambas fundamentadas no nível de entendimento de cada pessoa.

O ensino espírita, segundo Allan Kardec, deve ter o suporte de uma base metodológica que priorize o aprendizado e objetive a formação de adeptos esclarecidos. Assim, a partir de minucioso estudo dos ensinos transmitidos pelos Espíritos Superiores, Kardec definiu métodos de observação, análise e dedução dos fatos espíritas, como bem esclarece:

> Apliquei, a essa nova ciência, como o fizera até então, o método experimental; nunca elaborei teorias preconcebidas; observava cuidadosamente, comparava, deduzia consequências; a partir dos efeitos procurava remontar às causas, por dedução e pelo encadeamento lógico dos fatos, não admitindo por válida uma explicação, senão quando resolver todas as dificuldades da questão.[69]

Com o auxílio das ferramentas do método experimental, foi possível a Kardec visualizar o escopo doutrinário do Espiritismo, útil à organização de suas partes constituintes, com base no encadeamento lógico das ideias recebidas por mais de mil médiuns, de diversas procedências. Com essa perspectiva, compreendeu de imediato que

> Todo ensino metódico deve partir do conhecido para o desconhecido. Para o materialista, o conhecido é a matéria [...]. Numa palavra, *antes que o torneis* ESPÍRITA, cuidai de torná-lo ESPIRITUALISTA. Mas, para isso, é necessária outra ordem de fatos, um ensino muito especial que deve ser dado por outros processos. Falar-lhe dos Espíritos, antes

---

69 KARDEC, Allan. *Obras póstumas*. Trad. Evandro Noleto Bezerra. Rio de Janeiro: FEB, 2009, pt. 2, A minha iniciação no Espiritismo.

que esteja convencido de que tem uma alma, é começar por onde se deve acabar [...].⁷⁰

Sabemos que o método experimental tem como plataforma os fatos e as evidências, os quais devem ser utilizados corretamente pelo experimentador, no momento oportuno. Nesse aspecto, assinala Kardec:

> Acredita-se geralmente que, que para convencer, basta apresentar os fatos. Esse, com efeito, parece ser o caminho mais lógico. A experiência, porém, mostra que nem sempre é o melhor, pois muitas vezes se encontram pessoas que não se deixam convencer nem mesmo pelos fatos patentes.⁷¹

O codificador destaca outro ponto, nem sempre observado pelos espíritas que atuam na área de ensino:

> No Espiritismo, a questão dos Espíritos é secundária, não constituindo o seu ponto de partida. É exatamente este o erro em que caem muitos adeptos e que leva certas pessoas ao insucesso. Não sendo os Espíritos senão as almas dos homens, o verdadeiro ponto de partida é a existência da alma.⁷²

Por compreender "[...] que o Espiritismo é toda uma ciência, toda uma filosofia [...]", demonstrou Kardec que, para formar adeptos esclarecidos, é necessário, "[...] como primeira condição, dispor-se de um estudo sério e convencer-se de que ele não pode, como nenhuma outra ciência, ser aprendido como se estivéssemos brincando." Conclui, então, que "[...] a crença nos Espíritos constitui sem dúvida a sua base, mas essa crença não basta para fazer de alguém um espírita esclarecido, como a crença em Deus não é suficiente para fazer de alguém um teólogo".⁷³

Allan Kardec não se manteve prisioneiro do método racional (ou experimental) por reconhecer seus limites. Recorria sempre à intuição e à meditação para obter esclarecimentos complementares. Tal

---

70 KARDEC, Allan. *O livro dos médiuns*. Trad. Evandro Noleto Bezerra. 2. ed. 1. imp. Brasília: FEB, 2013, cap. III, it. 19.
71 Idem. Ibidem. it. 14.
72 Idem. *Obras póstumas*. Trad. Evandro Noleto Bezerra. Rio de Janeiro: FEB, 2009, pt. 2, A minha iniciação no Espiritismo.
73 Idem. *O livro dos médiuns*. Trad. Evandro Noleto Bezerra. Rio de Janeiro: FEB, 2009. 2. ed. 1. imp. Brasília: FEB, 2013, cap. III, it. 30.

condição permitiu-lhe tratar cada assunto com sabedoria, bom senso, equilíbrio emocional e maturidade intelectual: "Da comparação e da fusão de todas as respostas, coordenadas, classificadas e muitas vezes retocadas no silêncio da meditação, foi que elaborei a primeira edição de *O livro dos espíritos* [...]", e demais obras espíritas de sua autoria, acrescentamos.[74]

As consequências morais do conhecimento espírita foram enfáticas e continuamente destacadas por Kardec. A sua exemplar formação humanista lhe servia de referência para pesar os valores éticos e morais das ideias transmitidas pelos Espíritos: "O verdadeiro espírita jamais deixará de fazer o bem. Há corações aflitos a aliviar, consolações a dispensar, desesperos a acalmar, reformas morais a operar. Essa é a sua missão e aí ele encontrará a verdadeira satisfação."[75]

A classificação dos opositores e a dos adeptos do Espiritismo foi considerada como um princípio metodológico porque, segundo o codificador, "os meios de convicção variam extremamente, conforme os indivíduos. O que convence a uns nada produz em outros [...]". Esclarece, em seguida, que os principais **opositores** da Doutrina Espírita integram duas classes de materialistas:

> [...] colocamos na primeira os materialistas *por sistema*. Nesses, sem dúvida, há negação absoluta, raciocinada a seu modo. Para eles, o homem é simples máquina, que funciona enquanto está bem aparelhada, mas que se desarranja e da qual, após a morte, só resta a carcaça.[76]

Estes são, portanto, "[...] os materialistas radicais [...]" e, ainda que não sejam tão numerosos, são "[...] os que negam a existência de qualquer força e de qualquer princípio inteligente fora da matéria". Na segunda classe, encontramos os indivíduos que duvidam da sobrevivência e da manifestação dos Espíritos. Suas dúvidas decorrem de vários fatores (educação, religião, superstição etc.). Essas pessoas não são materialistas

> [...] deliberadamente e o que mais desejam é crer, pois a incerteza os atormenta. Há neles uma vaga aspiração pelo futuro [vida após a morte]; mas esse futuro lhes foi apresentado com cores tais, que a

---

74 *O livro dos médiuns*. Trad. Evandro Noleto Bezerra. Rio de Janeiro: FEB, 2009. 2. ed. 1. imp. Brasília: FEB, 2013, cap. III, it. 29.
75 Idem. Ibidem, it. 20.
76 Idem. Ibidem, it. 21.

razão deles se recusa a aceitá-lo. Daí a dúvida e, como consequência da dúvida, a incredulidade.[77]

Quanto aos *adeptos* do Espiritismo, Kardec apresenta esta classificação:

» *Espíritas experimentadores:* "[...] os que creem pura e simplesmente nas manifestações. Para eles, o Espiritismo é apenas uma ciência de observação, uma série de fatos mais ou menos curiosos."

» *Espíritas imperfeitos:* "[...] os que veem no Espiritismo mais do que fatos; compreendem sua parte filosófica, admiram a moral daí decorrente, mas não a praticam. A influência da Doutrina sobre o caráter deles é insignificante ou nula. [...] Consideram a caridade cristã apenas uma bela máxima."

» *Espíritas cristãos:* "[...] os que não se contentam em admirar a moral espírita, mas a praticam e aceitam todas as suas consequências. Convencidos de que a existência terrestre é uma prova passageira, tratam de aproveitar os seus breves instantes para avançar pela senda do progresso, única que os pode elevar na hierarquia do mundo dos Espíritos, esforçando-se por fazer o bem e reprimir seus maus pendores. Suas relações são sempre seguras, porque a convicção que nutrem os afasta de todo pensamento do mal. A caridade é, em tudo, a sua regra de conduta. São os *verdadeiros espíritas* [...]".

» *Espíritas exaltados:* representam o tipo de espírita que "incute confiança demasiado cega e frequentemente pueril, no tocante aos fenômenos do mundo invisível, levando a aceitar, com muita facilidade e sem verificação, aquilo que a reflexão e o exame demonstrariam ser absurdo e mesmo impossível. [...] Esta espécie de adeptos é mais nociva do que útil à causa do Espiritismo."[78]

Como fechamento desse estudo, destacamos dois outros esclarecimentos de Kardec, registrados em *O livro dos médiuns*, ora sob estudo: um especifica o melhor método de ensino: "Falamos, portanto, por experiência e por isso afirmamos que o melhor método de ensino espírita é o que se dirige à razão e não aos olhos". O outro destaca a necessidade de estudo teórico do Espiritismo, capaz "[...] de mostrar imediatamente a grandeza do objetivo e alcance desta ciência [...]".[79]

---

77 *O livro dos médiuns*. Trad. Evandro Noleto Bezerra. Rio de Janeiro: FEB, 2009. 2. ed. 1. imp. Brasilia: FEB, 2013, cap. III, it. 28.
78 Idem. Ibidem, it. 31.
79 Idem. Ibidem, it. 32.

CAPÍTULO 4: SISTEMAS

Este capítulo analisa diferentes opiniões a respeito dos fenômenos espíritas, algumas das quais persistem na atualidade a despeito das significativas conquistas do conhecimento humano, sobretudo no campo das neurociências. Logo, "os adversários do Espiritismo julgaram encontrar um argumento nessa divergência de opiniões, dizendo que os próprios espíritas não se entendiam entre si" (it. 36).

Os principais sistemas ou opiniões podem ser catalogados em três grupos: a) os que negam, pura e simplesmente, os fenômenos espíritas; b) os que apresentam opinião negativa relativa ou parcial; e c) os que aceitam a ação de uma inteligência externa que, atuando por meio de uma pessoa encarnada, produz duas ordens de fenômenos: os de efeitos físicos e os de efeitos inteligentes.

1 Negação absoluta dos fatos espíritas

- » *Sistema do charlatanismo* – Os fenômenos espíritas são considerados embuste, falsidade, por serem passíveis de imitação, não se levando em conta, nessa situação, o caráter e a índole das pessoas envolvidas, nem mesmo uma possível análise científica séria (it. 38).

- » *Sistema da loucura* – Nesse tipo, a visão de Espíritos ou de acontecimentos a eles relacionados resulta de uma deficiência mental cognitiva (intelectual) de certas pessoas cujas percepções (ou sentidos) revelam baixo nível de discernimento, certo grau de imbecilidade e são incapazes de emitir juízos de valor confiáveis (it. 39).

- » *Sistema da alucinação* – Há uma debilidade de natureza neurológica nos indivíduos que afirmam ver Espíritos ou acontecimentos espíritas, pois se acham sob o efeito de uma espécie de delírio alucinatório, fato que requer tratamento médico, às vezes especializado (psiquiatria) (it. 40).

> *Sistema do músculo estalante* – As pancadas e os ruídos não seriam produzidos por Espíritos, mas originados de efeitos físicos em razão da habilidade que algumas pessoas têm de estalar os dedos ou, em especial, músculos do corpo, por exemplo, o perônio, também chamado fíbula — osso fino e comprido, situado póstero-lateralmente à tíbia (it. 41).

2 Negação relativa dos fatos espíritas

> *Sistema das causas físicas* – Os defensores desse sistema não manifestam rejeição radical aos fenômenos espíritas, mas acreditam que tais ocorrências estão relacionadas ao magnetismo, à eletricidade (por exemplo, eletricidade estática) ou a outro fluido (energia) qualquer, ainda que a manifestação de tais fenômenos apresente lógica e seja governada por uma sequência de ações tipicamente inteligentes (it. 42).

> *Sistema do reflexo* – Admite-se por esse sistema que há uma causa inteligente responsável pela produção dos fenômenos espíritas. Causa atribuída não aos desencarnados, mas a certos indivíduos e/ou certos assistentes integrantes de uma reunião cujos pensamentos refletiriam no ambiente — tal como acontece com as ondas sonoras — e produziriam efeitos físicos e inteligentes. A dificuldade em aceitar tal sistema é quando se depara com efeitos extraordinários, como a produção escrita ou verbal de conteúdos de grande envergadura moral e intelectual, viabilizados por médiuns analfabetos ou de pouca instrução (it. 43).

> *Sistema da alma coletiva* – Essa situação é uma variante da anterior. Ou seja, o indivíduo produziria, por si mesmo, fenômenos espíritas não por embuste, mas porque teria a rara habilidade de captar pensamento, aptidões e sentimentos das pessoas presentes e ausentes à reunião, formando um *todo coletivo* resultante do somatório dos pensamentos de todos.

> *Sistema sonambúlico* – Nesse sistema, aceito por grande número de pessoas, acredita-se que todas as comunicações inteligentes provêm da mente ou da alma do médium. É a conhecida tese animista, ainda amplamente aceita, mesmo no meio espírita, apesar de sabermos, hoje, que toda comunicação mediúnica traz, em seu bojo, um conteúdo anímico, pois o médium é um intérprete (it. 45).

3 Os fenômenos espíritas são provocados por inteligências externas aos indivíduos que as intermediam

» *Sistema pessimista* – Por esse sistema, os efeitos físicos ou inteligentes seriam produzidos pelo demônio ou seres diabólicos, criados à margem da Criação, cuja manifestação no plano físico é considerada sempre de natureza demoníaca. Tal sistema está impregnado, não resta dúvida, de tradições e teologias religiosas, incompatíveis com a ideia que se tem da *Bondade, Misericórdia* e *Justiça* Divinas. Para o Espiritismo, os Espíritos desencarnados podem se comunicar com os encarnados, de inúmeras formas, de acordo com seus próprios recursos ou recursos que sabem utilizar. Suas manifestações refletem, sempre, seu grau de evolução moral e intelectual.

> Não sendo os Espíritos senão as almas dos homens e não sendo estes perfeitos, deve-se concluir que há Espíritos igualmente imperfeitos, cujo caráter se reflete em suas comunicações. Entre eles, é incontestável a existência de Espíritos maus, astuciosos, profundamente hipócritas, contra os quais é preciso que estejamos em guarda (it. 46, subit. 9º).

» *Sistema otimista* – Oposto ao anterior, os defensores desse sistema afirmam que os comunicantes são sempre Espíritos bons. "Presumem que a alma, por se achar liberta da matéria, deve possuir a soberana ciência e a soberana sabedoria, já que não dispõe mais de nenhum véu a lhe encobrir as coisas" (it. 47).

» *Sistema uniespírita ou monoespírita* – É uma variedade do sistema anterior, porém seus defensores admitem que apenas "[...] um único Espírito se comunica com os homens, sendo esse Espírito o *Cristo*, que é o protetor da Terra", mesmo quando as mensagens sejam grosseiras ou triviais. Algumas interpretações religiosas denominam esse comunicante de *Espírito Santo* (it. 48).

» *Sistema multiespírita ou poliespírita* – Representa o pensamento espírita propriamente dito, que pode ser assim resumido:

1. Os fenômenos espíritas são produzidos por inteligências extracorpóreas, ou seja, pelos Espíritos;

2. Os Espíritos constituem o mundo invisível; estão em toda parte; povoam os espaços infinitos; muitos estão continuamente à nossa volta e com eles nos achamos em contato;

3. Os Espíritos reagem incessantemente sobre o mundo físico e sobre o mundo moral e são uma das potências da Natureza;

4. Os Espíritos não são seres à parte da Criação, mas as almas dos que viveram na Terra, ou em outros mundos, e que se despojaram do invólucro corpóreo;

5. Há Espíritos de todos os graus de bondade e de malícia, de saber e de ignorância;

6. Todos estão submetidos à Lei de Progresso e podem todos chegar à perfeição, mas, como têm livre-arbítrio, lá chegam em tempo mais ou menos longo, segundo os esforços e a vontade de cada um;

7. São felizes ou infelizes, de acordo com o bem ou o mal que praticaram durante a vida (na encarnação) e com o grau de adiantamento a que chegaram;

8. Todos os Espíritos, em dada circunstâncias, podem manifestar-se aos homens (aos encarnados);

9. Os Espíritos se comunicam por meio dos médiuns, que lhes servem de instrumento e de intérpretes;

10. Reconhece-se a superioridade ou a inferioridade dos Espíritos pela linguagem: os bons só aconselham o bem e só dizem coisas proveitosas; tudo neles lhes atesta a elevação; os maus enganam e todas as suas palavras trazem a marca da imperfeição e da ignorância (Veja em *O livro dos espíritos*: Escala Espírita, a partir da questão 100) (it. 49).

» *Sistema da alma material* – Segundo essa opinião, a alma e o perispírito não seriam distintos uma do outro, ou melhor, o perispírito seria a própria alma a se depurar gradualmente por meio das transmigrações sucessivas, como o álcool se depura por meio de diversas destilações. A Doutrina Espírita, entretanto, considera o perispírito como o envoltório fluídico da alma, ou do Espírito. A alma, por mais primitiva que seja, não é formada de matéria — é um Espírito. Já o perispírito é sempre constituído de matéria, mesmo o mais depurado, e funciona como molde para a formação do corpo físico.

RESUMO DE O LIVRO DOS MÉDIUNS – PARTE 2 MANIFESTAÇÕES ESPÍRITAS

CAPÍTULO 1: AÇÃO DOS ESPÍRITOS SOBRE A MATÉRIA

Partindo do princípio de que após a morte do corpo físico os Espíritos vivem entre nós, ainda que invisíveis, já que se encontram em outra dimensão da matéria, é natural que queiram se comunicar com os encarnados. A questão, contudo, não é essa, pois os relatos históricos, inclusive os religiosos, atestam tais ocorrências. A questão é ter uma explicação plausível, fundamentada na lógica, que esclareça como os Espíritos se comunicam (it. 52).

A desinformação que se tem do assunto produz muitas controvérsias, algumas até pueris, todas, em geral, relacionadas à ideia que se faz dos Espíritos. É importante ter consciência de que o Espírito não é uma abstração, mas um ser definido, inteligente; apenas não tem um corpo físico. Sua forma é a humana e, como ser inteligente, dotado de razão, aprende a atuar sobre a matéria para poder se manifestar em nosso plano. Às vezes, suas manifestações são confusas porque, além de estar preso às ideias equivocadas sobre o Além-Túmulo, ainda se encontra sob certo grau de perturbação relacionada ou à aproximação da desencarnação ou por ela ser recente. Nessas condições, se sentem vivos e percebem que têm dois corpos, o físico e o perispiritual, semelhantes à forma que tinham, mas não entendem o que está acontecendo (it. 53 e 56).

Assim, para melhor compreender o assunto, importa considerar que o ser humano encarnado é constituído: 1º) de um corpo físico; 2º) do perispírito — elemento de ligação entre o Espírito e corpo físico que origina e plasma; 3º) Espírito, que é o ser inteligente e tem ação direta e controladora sobre os dois primeiros. O perispírito, que é semimaterial por se constituir de matéria mais sutil, de outro nível vibratório, conserva-se após a morte do corpo físico. A matéria perispiritual não tem, portanto, a rigidez compacta da que forma o corpo físico, ela é mais vaporosa e etérea. Sendo mais plástica, modela a aparência à vontade do Espírito. Durante as aparições, percebe-se com mais clareza o tipo de matéria de que o perispírito é formado. Nas materializações (tangibilidade) dos Espíritos, o perispírito apresenta características muito semelhantes às do corpo físico a ponto de ser possível medir-lhe a pulsação, temperatura, respiração, verificar impressões que deixam na pele das pessoas, como marcas ou carícias. Pelo perispírito, os Espíritos produzem ruídos, deslocamento de objetos, transmitem pensamentos e emoções a outrem etc. (it. 54 e 57).

> Esse segundo envoltório da alma, ou *perispírito*, existe, pois, durante a vida corpórea; é o intermediário de todas as sensações que o Espírito percebe e pelo qual transmite sua vontade ao exterior e atua sobre os órgãos do corpo. Para nos servirmos de uma comparação material, diremos que é o fio elétrico condutor, que serve para a recepção e a transmissão do pensamento [...] (it. 54).

Também conhecido como fluido nervoso ou corpo espiritual, o perispírito "[...] desempenha tão grande papel na economia orgânica e que ainda não se leva muito em conta, nos fenômenos fisiológicos e patológicos" (it. 54 e 57).

Quanto à natureza íntima e constituinte do Espírito, é algo que ainda escapa à nossa análise. Há quem diga que o Espírito seria uma chama, centelha ou um clarão. O que se sabe é que o atributo essencial do Espírito é a inteligência (leia, em *O livro dos espíritos*, as questões 23 a 27 e 71 a 75-a).

> Mas, qualquer que seja o grau em que se encontre, o Espírito está sempre revestido de um envoltório, ou perispírito, cuja natureza se eteriza à medida que ele se depura e se eleva na hierarquia espiritual (it. 55).

É por meio desse envoltório que o Espírito atua sobre a matéria, independentemente do plano de vida em que se encontra.

> Compreende-se, desde então, que todos os efeitos que daí resultam pertencem à ordem dos fatos naturais e nada têm de maravilhosos. Só pareceram sobrenaturais porque sua causa era desconhecida. Conhecida esta, desaparece o maravilhoso e essa causa se encontra inteiramente nas propriedades semimateriais do perispírito (it. 58).

CAPÍTULO 2: MANIFESTAÇÕES FÍSICAS. MESAS GIRANTES

Dá-se o nome de manifestações físicas às que se traduzem por efeitos sensíveis, tais como ruídos, movimentos e deslocamento de corpos sólidos. Umas são espontâneas, isto é, independem da vontade de quem quer que seja. Assim sendo, ocorrem à revelia do médium. Outras são produzidas com o conhecimento e o apoio do médium (it. 60).

Os fenômenos de efeitos físicos ainda se verificam nos dias atuais, contudo não com a mesma intensidade quanto à época de Kardec, no século XIX, ou nas primeiras décadas do século XX, sobretudo certos tipos de manifestações físicas, como materialização de Espíritos e transporte de objetos. Atualmente, predominam as manifestações de efeitos intelectuais, caracterizadas por mensagens que exigem certo grau de elaboração mental e conhecimento do médium, como a psicografia e a psicofonia.

> O efeito mais simples, e um dos primeiros que foram observados, consiste no movimento circular impresso a uma mesa. Esse efeito igualmente se produz com qualquer outro objeto, mas sendo a mesa, por sua comodidade, o móvel mais utilizado, a designação de *mesas girantes* prevaleceu, para indicar essa espécie de fenômenos (it. 60).

Os fenômenos ocorrem pela intermediação de pessoas que têm aptidão específica: *mediunidade*. Essas pessoas, conforme a terminologia espírita, são os *médiuns*.

> Sob este aspecto, os médiuns gozam de maior ou menor poder, produzindo, por conseguinte, efeitos mais ou menos pronunciados. Muitas vezes, um poderoso médium produzirá sozinho mais do que 20 outros reunidos. Basta-lhe colocar as mãos na mesa para que, no mesmo instante, ela se mova, se levante, revire, dê saltos ou gire com violência (it. 61).

A rigor, não é possível saber de antemão se alguém tem essa ou aquela mediunidade. A prática demonstrará, naturalmente, a existência ou não da faculdade mediúnica. A despeito de a mediunidade ser uma faculdade inerente ao ser humano, às vezes é observada desde a infância. Apresenta diferentes graus de manifestação e pode ser desenvolvida com exercício. Existindo a faculdade em algum grau, ela se manifestará espontaneamente, não necessitando de técnicas ou recursos especiais, a não ser o recolhimento, o silêncio e a paciência (it. 62). Há outros pontos também importantes: "Acrescentamos ainda que a forma da mesa, a substância de que é feita, a presença de metais, da seda na roupa dos assistentes, os dias, as horas, a obscuridade ou a luz etc., são tão indiferentes como a chuva ou o bom tempo" (it. 63).

No caso específico das mesas girantes, "[...] apenas o volume da mesa deve ser levado em conta, mas somente no caso em que a força mediúnica seja insuficiente para vencer-lhe a resistência" (it. 63).

> Estando as coisas assim preparadas, quando o efeito começa a produzir-se é muito frequente ouvir-se um pequeno estalido na mesa; sente-se uma espécie de estremecimento, que é o prelúdio do movimento. Tem-se a impressão de que ela [a mesa] se esforça por desgarrar-se do chão; depois, o movimento de rotação se acentua e acelera a ponto de adquirir tal rapidez que os assistentes se veem na maior dificuldade para acompanhá-lo. Desencadeado o movimento, os assistentes podem até afastar-se da mesa, pois ela continuará a mover-se em todos os sentidos, sem qualquer contato. De outras vezes, a mesa se ergue e se firma, ora num pé, ora noutro, para em seguida retomar suavemente a sua posição natural. De outras, ainda, ela passa a oscilar, imitando o balanço de um navio. Finalmente – mas para isto é indispensável força mediúnica considerável – há ocasiões em que a mesa se destaca completamente do solo e se mantém equilibrada no espaço, sem nenhum ponto de apoio, chegando mesmo, algumas vezes, a elevar-se até o forro da casa, de modo que é possível passar-se por baixo dela. Depois, desce lentamente, balançando-se no ar como o faria uma folha de papel; ou, então, cai violentamente e se quebra, o que prova, de modo evidente, que ninguém foi joguete de uma ilusão de óptica (it. 63).

Finalmente, "outro fenômeno que se produz com frequência, de acordo com a natureza do médium, é o das pancadas vibradas na própria substância da madeira, sem que a mesa faça qualquer movimento" (it. 64).

Essas pancadas, às vezes muito fracas, outras vezes muito fortes, também são ouvidas nos outros móveis do aposento, nas portas, nas paredes e no forro. [...] Quando as pancadas se dão na mesa, produzem nela uma vibração muito apreciável por meio dos dedos, muito distinta, sobretudo quando se aplica o ouvido contra a mesa (it. 64).

CAPÍTULO 3: MANIFESTAÇÕES INTELIGENTES

Ainda que as manifestações de efeitos físicos, em si, não comprovem a autoria de Espíritos, as quais poderiam ser explicadas "[...] pela ação de uma corrente magnética, ou elétrica, ou ainda pela de um fluido qualquer", isto é, outro tipo de energia, as dúvidas só deixaram de existir quando se percebeu que as ocorrências não eram aleatórias, mas, ao contrário, seguiam um plano inteligente, racional. Tornou-se evidente que, para "[...] todo efeito inteligente, há de ter uma causa inteligente [...]", o que levou à seguinte pergunta: "Que inteligência era essa?" (it. 65).

Para uma manifestação ser inteligente, não é preciso que seja eloquente, espirituosa ou sábia. Basta que prove ser um ato livre e voluntário, exprimindo uma intenção ou correspondendo a um pensamento (it. 66). Foi assim que, "sob a influência de um ou de vários médiuns, vimos a mesa mover-se, levantar-se e dar pancadas [...]" (it. 67) — informa Allan Kardec, e prossegue:

> O primeiro efeito inteligente observado foi a obediência desses movimentos a uma ordem dada. Assim é que, sem mudar de lugar, ela se erguia alternativamente sobre o pé que lhe era indicado; depois, caindo, batia um número determinado de pancadas, respondendo a uma pergunta. De outras vezes, sem o contato de pessoa alguma, a mesa passeava sozinha pelo aposento, indo para a direita ou para a esquerda, para adiante ou para trás, executando movimentos diversos, conforme as ordens que recebia dos assistentes. Desnecessário dizer que afastamos qualquer suposição de fraude e admitimos a perfeita lealdade das testemunhas, atestada pela honradez e pelo absoluto desinteresse de todas (it. 67).

Por meio de pancadas e, principalmente, por meio dos estalidos "[...] produzidos na parte interna da madeira, obtêm-se efeitos mais inteligentes, tais como a imitação dos rufos do tambor, da fuzilaria de descarga por fila ou por pelotão, de uma canhonada; depois, a do ranger da serra, dos golpes de martelo, do ritmo de diferentes árias etc. [...]" (it. 68).

> Admitiu-se que, se naquilo havia uma inteligência oculta, ela seria capaz de responder a perguntas e de fato respondeu, por um sim, por um não, dando o número de pancadas que se convencionara para cada caso. Como essas respostas eram insignificantes demais, conceberam a ideia de fazer que a mesa indicasse as letras do alfabeto, de modo a compor palavras e frases (it. 68).

Esse método — que entre nós foi chamado "sessão do copo", na qual se utilizava um copo que indicava o alfabeto e as palavras "sim" e "não" — demonstrou fatos reproduzidos "[...] por milhares de pessoas, em todos os países [...]" (it. 68). Tais "[...] fatos não podiam deixar dúvida quanto à natureza inteligente das manifestações [...] (it. 69).

> Foi então que surgiu um novo sistema, segundo o qual essa inteligência seria a do médium, do interrogador, ou mesmo dos assistentes. A dificuldade estava em explicar como semelhante inteligência podia refletir-se na mesa e se expressar por pancadas. Depois de se constatar que os golpes não eram dados pelo médium, deduziu-se que eram desferidos pelo pensamento. Ora, atribuir as pancadas ao pensamento era admitir era admitir um fenômeno ainda mais prodigioso do que todos os que até então haviam sido observados (it. 69).

Mais tarde, tal hipótese caiu por terra, em sequência dos acontecimentos.

> De fato, as respostas se mostravam com muita frequência em oposição formal às ideias dos assistentes, fora do alcance intelectual do médium e dadas até mesmo em línguas que ele ignorava, ou fazendo referência a fatos que todos desconheciam (it. 69).

Em seguida, Kardec insere um exemplo, entre os numerosos de que tomou conhecimento ou presenciou. Trata-se de uma quitação de dívida que um Espírito pede para ser paga a determinada pessoa que ainda se encontrava encarnada. Os presentes à reunião, na qual o Espírito fez a comunicação, desconheciam a dívida. Até mesmo quem havia feito o empréstimo ao Espírito comunicante já não se lembrava do débito por ser mínimo o valor (it. 70).

A arte de obter comunicações pelo processo de pancadas foi sendo aperfeiçoada, mas o meio era muito demorado. Mesmo assim, obtiveram-se algumas comunicações de certa extensão, bem como interessantes revelações sobre o mundo dos Espíritos (it. 71).

Com o passar do tempo, os próprios Espíritos sugeriram métodos de comunicação mais práticos e rápidos, como o da escrita. No início, a escrita foi realizada adaptando-se "[...] um lápis ao pé de uma mesinha leve, colocada sobre uma folha de papel. Posta em movimento pela influência de um médium, a mesma começou a traçar letras e, em seguida, palavras e frases" (it. 71).

Esse processo foi sendo simplificado continuamente pelo emprego de mesinhas do tamanho da mão, feitas especialmente para isso; a seguir, passou-se a utilizar cestas, caixas de papelão e, finalmente, simples pranchetas. A escrita era tão fluente, tão rápida e tão fácil como a obtida com a mão. Mais tarde, porém, reconheceu-se que todos aqueles objetos não passavam, afinal, de meros apêndices, de verdadeiras lapiseiras, perfeitamente dispensáveis, bastando ao médium segurar o lápis com sua própria mão. Tomada de um movimento involuntário, a mão escrevia sob o impulso que o Espírito lhe transmitia, sem o concurso da vontade nem do pensamento do médium. A partir de então, as comunicações de além-túmulo se tornaram ilimitadas, tal como a correspondência habitual entre os vivos [encarnados] (it. 71).

CAPÍTULO 4: TEORIA DAS MANIFESTAÇÕES FÍSICAS

1 Movimentos e suspensões

Aceitando-se a possibilidade de os Espíritos se comunicarem com os encarnados, importa considerar como tal acontece, no que diz respeito às manifestações físicas, e como conseguem movimentar uma mesa ou produzir outros efeitos, tais como: pancadas, movimentação de objetos, ruídos etc. Qualquer explicação estará naturalmente relacionada ao conhecimento que se tem da natureza do Espírito, ao fato de ser ele humano (portanto possuidor de inteligência), às propriedades do perispírito, que é de natureza semimaterial, e ao efeito que este exerce sobre a matéria do nosso plano (it. 73).

Diante do exposto, perguntamos: qual a necessidade de um médium no processo? O Espírito não poderia atuar diretamente, sem um intermediário? O Espírito São Luís[80] apresenta algumas explicações, considerando que o princípio das manifestações físicas está relacionado à utilização dos subprodutos do Fluido Cósmico Universal (FCU) (it. 74).

O FCU é a matéria básica ou primordial que há no Universo.[81] É criação divina, como tudo o que existe, mas não é uma emanação de Deus, funcionando como a matriz que origina todos os diferentes tipos de

---

80 Luís IX (1214–1270), rei da França, desencarnado na Oitava Cruzada. No seu reinado, a França viveu excepcional momento político, econômico, militar e cultural. O século XIII ficou para a história da França como "o século de ouro de São Luís". Foi canonizado no reinado do seu neto, Filipe, o Belo.
81 Leia, em *O livro dos espíritos*, as questões 27 a 36, informações básicas sobre a matéria, antes de prosseguir no estudo das informações que constam neste capítulo de *O livro dos médiuns*.

matérias do Universo encontradas nos diferentes planos vibracionais (it. 74, subit. 1 e 5).

Vemos, assim, que a eletricidade e o magnetismo, tão importantes no plano material onde nos situamos, são apenas alguns dos subprodutos do FCU, também chamado Matéria Cósmica Primitiva (it. 74).

O fluido vital, outro produto do FCU, é de fundamental importância para a vida, fornecendo vitalidade aos órgãos que integram o corpo dos seres vivos, inclusive os do perispírito. Este, por ser semimaterial, apresenta propriedades da matéria propriamente dita (a matéria tangível e compacta que há em nosso plano de vida) e da matéria mais sutil, existente no mundo espiritual. Sendo assim, além do fluido vital, necessário ao funcionamento dos órgãos do corpo e do perispírito, há outros fluidos, situados nos dois planos de vida, que o Espírito utiliza na produção de fenômenos mediúnicos (it. 74, subit. 1 a 7 e 13).

As manifestações de efeitos físicos resultam da combinação dos fluidos, os provenientes do FCU e o emanado pelos médiuns (denominado ectoplasma) (it. 74, subit. 8). Assim, Kardec pergunta e o Espírito São Luís responde:

> Como um Espírito pode mover um corpo sólido?
>
> Combinando uma parte do fluido universal com o fluido que se desprende do médium, apropriado a produzir aquele efeito (it. 74, subit. 8).

Será com os seus próprios braços, de certo modo solidificados, que os Espíritos levantam a mesa?

Quando uma mesa se move sob vossas mãos, o Espírito evocado vai extrair do fluido universal o que é necessário para lhe dar uma vida artificial. Assim preparada, o Espírito atrai a mesa e a move sob a influência do fluido que de si mesmo desprende, por efeito da sua vontade. Quando a massa que deseja mover é muito pesada para ele, chama em seu auxílio outros Espíritos, cujas condições sejam idênticas às suas. Em virtude da sua natureza etérea, o Espírito, propriamente dito, não pode atuar sobre a matéria grosseira, sem intermediário, isto é, sem o elemento que o liga à matéria. Esse elemento, que constitui o que chamais perispírito, vos faculta a chave de todos os fenômenos espíritas de ordem material (it. 74, subit. 9).

O Espírito comunicante conta também com auxílio de outros Espíritos na produção dos fenômenos. Importa considerar, no entanto, que todos os Espíritos envolvidos na produção de fenômenos de efeitos físicos são inferiores, uma vez que se encontram mais sintonizados com os acontecimentos que ocorrem no plano físico, "[...] ainda não se libertaram completamente de toda a influência material", visto que no seu perispírito há elementos mais grosseiros dos quais ainda não se desligaram. Os Espíritos Superiores já não têm tais elementos em seus respectivos perispíritos (it. 74, subit. 10 e 11).

Em outras palavras: "Os Espíritos superiores têm a força moral, como os outros têm a força física. Quando precisam desta força, servem-se dos que a possuem" (it. 74, subit. 12). Da mesma forma acontece entre nós, quando utilizamos o serviço braçal dos trabalhadores existentes no nosso plano de vida.

OBSERVAÇÃO: Ler com atenção comentários do it. 74, subit. 12.

O papel do médium, então, é fornecer o fluido vital condensado (ectoplasma) para o Espírito combinar com o FCU e produzir os fenômenos de efeitos físicos (it. 74, subit. 14 a 17). Assim:

Fluido animalizado do médium	Fenômenos de efeitos físicos
+	=
Fluido perispiritual do Espírito	Saturação de fluidos (do médium, do Espírito e do FCU)
+	=
Fluido Cósmico Universal	Vida fictícia temporária
=	
Fenômenos de efeitos físicos	

A vontade do médium é fator capital na produção dos fenômenos de efeitos físicos, pois aumenta a doação do seu fluido vital condensado (ectoplasma), porém não podemos esquecer que há Espíritos que se utilizam dessas energias à revelia dos médiuns. Da mesma forma, a capacidade de doação de cada médium é variável: uns podem doar abundantemente, outros não. Tudo depende de sua organização física, que foi moldada pelo perispírito (it. 74, subit.18 e 19).

Há pessoas que, por si, são capazes de produzir fenômenos físicos. O próprio Espírito atua sobre os fluidos. São conhecidas como "pessoas elétricas". Ainda que outros Espíritos possam utilizar os fluidos emitidos por esses indivíduos, esse tipo de produção do fenômeno de efeito físico não é, exatamente, classificado como mediúnico, mas uma disposição anímica do médium. Geralmente, tais pessoas têm a capacidade de entortar objetos de metal, como colheres e garfos, além de produzir outros efeitos (it. 74, subit. 20).

a combinação de fluidos provenientes do médium e do Espírito forma uma mescla necessária à produção dos fenômenos mediúnicos de efeitos físicos, os quais são percebidos pelos nossos sentidos no plano físico, seja na forma de aparições, de materializações de objetos e/ou de Espíritos, seja na audição de ruídos e sons variados (inclusive vozes e músicas), percepção de movimentos ou deslocamentos de corpos etc.

A produção dessa substância mista, constituída de energias biovitais do Espírito e do médium, é necessária, uma vez que os desencarnados e encarnados encontram-se em dimensões diferentes. Assim, importa lembrar que, na produção dos fenômenos de efeitos físicos: "O Espírito é a causa, o fluido é o instrumento, mas ambos são necessários" (it. 74, subit. 17).

Há outro ponto igualmente importante na produção desse gênero de fenômenos: a vontade do médium. A vontade aumenta a intensidade da manifestação, contudo, na maioria das vezes, não é necessário o contato do médium com o objeto a fim de movimentá-lo, pois a intensidade do fenômeno depende da quantidade de fluidos doados e da combinação fluídica entre o médium e o Espírito (it. 74, subit.18-a e 19).

2 Ruídos

No que diz respeito à produção de ruídos e outros sons, o Espírito não utiliza objetos ou equipamentos para ressoar ou fazer eco:

> Assim como o Espírito não utiliza os braços para levantar a mesa, também não se serve de objetos materiais para bater. Sabeis perfeitamente que o Espírito não tem nenhum martelo à sua disposição. Seu martelo é o fluido combinado posto em ação pela sua vontade, para mover ou bater. Quando move um objeto, a luz vos dá a percepção do movimento; quando bate, o ar vos traz o som (it. 74, subit. 22).

Sendo assim,

> Desde que atua sobre a matéria, o Espírito pode agir tanto sobre uma mesa, como sobre o ar. Quanto aos sons articulados, pode imitá-los, como quaisquer outros ruídos (it. 74, subit. 23).

Mesmo nos casos em que se veem mãos materializadas dedilhando um piano ou tocando outro instrumento musical, não há, na verdade, uso dos músculos ou das articulações, como usualmente fazemos:

> Quando o Espírito põe os dedos sobre as teclas, realmente os põe e de fato as movimenta. Porém, não é por meio da força muscular que exerce a pressão; ele as anima, como o faz com a mesa, de modo que as teclas, obedecendo-lhe à vontade, se abaixam e fazem vibrar as cordas do piano (it. 74, subit. 24).

Tudo acontece por meio de um comando mental, intencional nos Espíritos mais adiantados ou de forma automática (instintiva), na situação dos Espíritos mais materializados. Nesse caso, eles não se dão conta de que obedecem a uma ordenação mental, acreditando que dedilham, efetivamente, um instrumento musical (it. 74, subit. 24).

O pensamento, por si só, não atua sobre o objeto, mas por meio do fluido magnético ou animalizado do médium e do fluido espiritual do Espírito comunicante. Ambos os fluidos são subprodutos da substância elementar denominada Fluido Cósmico Universal (FCU) (it. 75).

> Assim, quando um objeto é posto em movimento, levantado ou atirado para o ar, não é que o Espírito o agarre, empurre e suspenda, como faríamos com a nossa mão. O Espírito o *satura*, por assim dizer, com o seu fluido, combinado com o fluido do médium, e o objeto, momentaneamente vivificado [...] age como o faria um ser vivo [...] (it. 77).

Da mesma forma, um objeto pode ser levantado ou deslocado no ar, por mais pesado que seja, ou ser animado, inclusive produzindo-se o efeito de uma estátua falar etc. (it. 77 a 80).

3 Aumento e diminuição dos pesos dos corpos

A combinação dos fluidos animal e espiritual produzida, respectivamente, pelo médium e pelo Espírito torna viável a manifestação de qualquer fenômeno de efeito físico. Às vezes, é necessária a associação de mais de um médium e/ou de Espíritos, a fim de tornar mais evidente a ocorrência do fenômeno. Entretanto, sabemos que há médiuns que têm maior capacidade de doação:

> Em algumas pessoas, em razão de suas organizações, há uma espécie de emanação desse fluido [magnético], e é isso, propriamente falando, que constitui os médiuns de efeitos físicos. A emissão do fluido animalizado pode ser mais ou menos abundante e mais ou menos fácil a sua combinação, resultando daí médiuns mais ou menos poderosos. Essa emissão não é permanente, o que explica a intermitência do poder mediúnico (it. 75).

Para melhor compreender o assunto de aumento e diminuição de peso, sobretudo os relacionados à produção de fenômenos de efeitos físicos, é importante considerar dois fatores: massa e espaço.

O peso está sempre relacionado à quantidade de massa. Mais massa, mais peso; menos massa, menos peso. Mas nem sempre um objeto mais pesado ocupa um espaço maior. Assim, um quilo de algodão ocupará maior espaço do que um quilo de ferro, ainda que ambos tenham o mesmo peso (mesma quantidade de massa).

Por outro lado, ao se fazer a condensação fluídica de um objeto por redução dos seus espaços intramoleculares, é possível diminuir não a sua massa, mas o espaço que ocupa. Dessa forma, podemos, por exemplo, compactar um objeto metálico de dois metros, reduzindo-o a uma sucata que ocupará, talvez, meio metro de espaço. O peso desse objeto antes e depois continua o mesmo.

Contudo, há situações em que a condensação fluídica pode acarretar a diminuição de massa (peso). Por exemplo, ao desidratar o leite, transformando-o em pó, há perda de água, logo, redução de massa.

Na produção dos fenômenos de efeitos físicos de suspensão e deslocamento de objetos, parece não haver, a rigor, perda ou aumento de massa. Assim, uma mesa que pese três quilos permanecerá pesando três quilos: "A mesa tem sempre o mesmo peso intrínseco, porque sua massa não aumentou [...]" (it. 81). Entretanto, seu peso (massa) pode ser alterado em situações específicas: quando "[...] uma força estranha se opõe ao seu movimento e essa causa pode residir nos fluidos ambientes que a penetram [...] (it. 81).

Há registros de médiuns que perdem algum peso durante materializações de Espíritos, talvez devido à excessiva doação de ectoplasma.[82] É possível, portanto, acontecer aumento ou perda de peso no objeto ou no próprio médium se, durante a produção do fenômeno, ocorreu a introdução ou retirada de massa, ainda que essa massa seja constituída de fluidos imponderáveis, como o fluido animalizado, o fluido vital, o espiritual e o perispiritual, entre outros.

Entretanto, devemos considerar que nem sempre ocorre aumento ou perda de peso, uma vez que os Espíritos podem suspender ou deslocar um objeto por meio do emprego de mecanismos que neutralizem ou anulem a ação de determinadas forças, como a da gravidade: "O Espírito pode, pois, ter alavancas que nos sejam desconhecidas" (it. 81).

Em síntese, tudo se restringe à combinação fluídica entre o médium e o Espírito, a maior ou menor capacidade de doação e vontade, que são fatores determinantes na produção dos fenômenos de efeitos físicos, inclusive aumento ou diminuição do peso de um objeto, resistência ao deslocamento ou movimentação etc.

---

[82] Para melhor entendimento do assunto, é oportuno fazer leitura do livro *Fatos espíritas*, publicado pela FEB, que relata experiências e estudos realizados pelo cientista britânico William Crookes, durante as materializações do Espírito Katie King, por intermédio da jovem médium Florence Cook.

CAPÍTULO 5: MANIFESTAÇÕES FÍSICAS ESPONTÂNEAS

Os fenômenos espíritas, de efeitos físicos e intelectuais, são intermediados por médiuns cuja estrutura corporal é sensível, adequada ao tipo de mediunidade de que é portador, previamente definida no seu planejamento reencarnatório.

Em geral, as manifestações de efeitos intelectuais podem ser mantidas sob controle pela vontade do médium submetido a adequada educação mediúnica. Mas a manifestação mediúnica de efeitos físicos pode ocorrer à revelia da vontade do médium, em razão da natural liberação de bioenergias, físicas e perispirituais, de que dispõe. Esse fato pode se transformar em um inconveniente e produzir, às vezes, diferentes graus de constrangimentos (it. 82).

1 Ruídos, barulhos e perturbações

As manifestações mediúnicas de efeitos físicos mais comuns são os *ruídos* e as *pancadas*. É preciso ter certa experiência (conhecimento e prática mediúnica) para não confundi-los com ocorrências naturais, decorrentes de descargas elétricas, eletricidade estática, expansão/acomodação de estrutura física dos objetos materiais (estalidos da madeira, por exemplo) etc. São também passíveis de serem imitadas pelos mistificadores (it. 83).

Os fenômenos mediúnicos físicos, mesmo os mais simples, como as pancadas e os ruídos, são relativamente fáceis de serem identificados quando bem conhecidos: ocorrem em um ritmo que indica comando inteligente, não simples manifestação aleatória. Os sons são diferentes, em intensidade e tipos, diferentes dos usuais, observados no cotidiano.

As pancadas, por exemplo, sugerem ocorrência no interior do objeto não na sua superfície (it. 83).

É necessário observá-los para saber diferenciá-los e identificar se a origem é mediúnica ou não. Uma forma mais precisa é verificar se os ruídos e pancadas apresentam respostas às nossas indagações, analisar se as respostas apresentam coerência, ainda que compatível com o nível de entendimento do Espírito comunicante (it. 83).

Os ruídos e as pancadas de ocorrência espontânea podem assustar, pois surgem inesperadamente, mas não devem provocar medo porque são, em geral, inofensivos. Contudo, é preciso cuidar da imaginação, que pode se exacerbar e levar a pessoa a ilusões, superstições ou fantasias a respeito dos fenômenos. Fica claro, então, que o teor das manifestações mediúnicas de efeitos físicos está diretamente relacionado às condições evolutivas dos Espíritos que as provocam. Em certas condições, quando a autoria provém de Espíritos moralmente inferiores, tais manifestações podem representar um inconveniente, produzindo aborrecimentos e constrangimentos. É nesse aspecto, em especial, que a orientação espírita faz-se, mais do que nunca, necessária (it. 84).

O certo é que, independentemente da forma como as manifestações físicas acontecem, elas comprovam a existência de uma inteligência que sobrevive à morte do corpo físico. Nesse sentido, não se deve ignorar que Espíritos moralmente atrasados podem provocar perturbações graves, seja no anseio de se comunicarem com o nosso plano, de atestarem a sua sobrevivência, seja para promoverem perseguição (obsessão): as pancadas e os ruídos se revelam, então, violentos e intermitentes, muito desagradáveis. Objetos e materiais são atirados contra as paredes ou pessoas, ou são removidos de um lugar para outro, inclusive para locais de difícil acesso (por exemplo, uma cama ou carro que são colocados no telhado de uma casa). Vidraças e outros materiais são quebrados ou destruídos por impacto ou por incêndio (autocombustão espontânea) etc. Tais fenômenos são denominados *poltergeist* (do alemão *Polter* = barulhento, brincalhão + *Geist* = Espírito). Não sendo bem controladas, tais manifestações se alastram como uma epidemia e podem causar pânico. Destacamos que as manifestações físicas espontâneas raramente ocorrem em locais isolados, pois ali vivem os médiuns, aliado ao objetivo de chamar a atenção das pessoas (it. 85, 87, 88, 89 e 92).

Há inúmeros relatos a respeito do assunto na literatura espírita. Os itens 86 e 88, do capítulo ora em estudo, nos fornecem bons exemplos, que merecem ser lidos com atenção. Quem desejar aprofundar no assunto, recomendamos também a leitura do capítulo dois do livro *Espírito, perispírito e alma*, de Hernani Guimarães de Andrade, Editora Pensamento.

A maioria das manifestações de efeitos físicos espontâneas não é produzida por Espíritos maus ou mal-intencionados. Em geral, são entidades imprudentes, irreverentes, brincalhonas, mais levianas do que más, que ainda não sabem medir as consequências dos seus atos. Entretanto, se um bom Espírito se aproxima, elas se deixam conduzir pelos seus conselhos e orientações esclarecedoras (it. 85 e 86, 90 e 91).

Vemos, assim, que as manifestações físicas espontâneas, sempre ocorridas à revelia do médium, podem ser de autoria de Espíritos bem-intencionados ou não, os quais podem ser os responsáveis diretos na produção dos fenômenos, mas podem estar sob a orientação de Benfeitores, ou, ainda, sob o comando de entidades desarmonizadas existentes no Plano Espiritual (it. 89 a 91):

> Algumas vezes temos chamado os Espíritos batedores para lhes perguntar por que motivo perturbam assim a tranquilidade dos outros. A maioria deles não tem outro objetivo, senão divertir-se. São mais levianos do que maus. Riem dos terrores que causam e das investigações inúteis que realizamos para descobrir a razão do tumulto. Agarram-se com frequência a um indivíduo, tão só pelo prazer de o atormentarem e perseguirem de casa em casa. De outras vezes, apegam-se a um lugar por mero capricho. Por vezes, também, fazem tudo isso por vingança [...]. Em alguns casos, a intenção é mais louvável: querem chamar a atenção de certas pessoas e estabelecer comunicação com elas, seja para lhes darem um aviso proveitoso, seja para lhes pedirem qualquer coisa para si mesmos (it. 90).

As entidades de ordem elevada podem provocar a manifestação de efeitos físicos, utilizando-se de Espíritos menos adiantados. Contudo, objetivam sempre o bem "[...] com o fim de demonstrarem a existência de seres incorpóreos e de uma potência superior ao homem [...]" (it. 91).

2 Arremesso de objetos

O item 94 de *O livro dos médiuns* traz oito questões de Kardec ao Espírito São Luís, relacionadas ao arremesso de objetos que ocorriam em Paris,

Rue de Noyers. As respostas dadas pelo Espírito podem ser assim resumidas: a) no arremesso de objetos utilizam-se as mesmas forças ou fluidos envolvidos nos demais fenômenos de efeitos físicos; b) essas forças são provenientes do Espírito comunicante e do médium ou médiuns; c) o Espírito comunicante se divertia em assustar os encarnados com seus arremessos, sinal indicativo de sua inferioridade moral; d) os objetos (pedras) utilizados pelo Espírito eram retirados dos arredores.

No arremesso de objetos, o Espírito retira-os de um local e, por impulso, atira-os contra paredes, móveis e até pessoas, fazendo-os atravessar barreiras materiais (it. 94, perg. 1 a 8).

No item 94, pergunta 8, Kardec indaga a São Luís se achava conveniente evocar o Espírito, e o faz, apesar de o orientador espiritual esclarecer que, em razão da inferioridade da entidade, as informações que se obteriam seriam insignificantes. Tal informação se revela verdadeira quando se trata de entender a natureza ou os mecanismos do fenômeno. Entretanto, o diálogo estabelecido entre o codificador e o comunicante espiritual nos permite compreender algo mais sobre o Espírito e como ele operava na produção dos arremessos. Além do mais, fornece alguns esclarecimentos a respeito de quando e onde tais ocorrências podem acontecer, porque há Espíritos que se comprazem em produzi-los, quais são seus limites etc.:

a) O Espírito não podia fazer arremesso no local da reunião mediúnica, onde foi evocado, por uma razão muito simples: o local estava protegido por "um guarda", na linguagem do Espírito (it. 95, perg. 2);

b) Uma criada era, sem saber, o instrumento mediúnico, fornecendo ao Espírito os fluidos ectoplásmicos: "Servi-me da natureza elétrica daquela menina, juntando-a à minha, que é menos material. Assim, pudemos ambos transportar aqueles diversos materiais" (it. 95, perg. 4 e 12);

c) O intuito do Espírito era apenas divertimento, assustar as pessoas, inclusive a médium que vivia apavorada (it. 95, perg. 5, 6 e 7);

» d) Apesar de inconsequente, o Espírito não se revelou pessoa má, propriamente dita, informando que as vidraças quebradas foram acidentais (it. 95, perg. 8);

e) As pedras e outros objetos utilizados no arremesso foram retirados dos arredores, do jardim e do pátio, não sendo, portanto, objetos construídos pelo comunicante, ainda que se pudesse fazê-lo, pela mistura de matérias, mas "teria sido mais difícil", asseverou (it. 95, perg. 9, 10 e 11);

f) O Espírito respondeu às perguntas de Kardec com auxílio de um orientador, o próprio São Luís (it. 95, perg. 15 e 16); e

g) O Espírito sabia que estava desencarnado havia 50 anos e que, quando encarnado, se chamava Jeannet e vivia na localidade trabalhando como trapeiro — pessoa que apanha trapos na rua para vender. No Plano Espiritual, andava sem destino, desocupado. Afirmou que ninguém se lembrava dele ou por ele orava (it. 95, perg. 14, 17 e 18). Kardec orou por ele, oração que foi muito bem recebida pelo Espírito (it. 95, perg. 19).

3 Transporte de objetos

O princípio básico do transporte de objetos é muito semelhante ao do arremesso, com a diferença de que é provocado por Espíritos benévolos que sabem exatamente como realizar o fenômeno, a rigor, assim resumido:

a) Primeiramente, o Espírito operador localiza, no plano físico, o objeto (flores, doces, joias, por exemplo) (it. 96);

b) Esse objeto é desmaterializado por efeito da combinação fluídica ocorrida entre um médium, especificamente selecionado, e o Espírito (it. 98);

c) O transporte do objeto, propriamente dito, é conduzido junto a si pelo Espírito operador (it. 98); e

d) A materialização do objeto em outro local do plano físico (it. 96).

Como se trata de um fenômeno facilmente imitável, todo cuidado é pouco, alerta Kardec. Mas o Espírito Erasto, um Espírito de elevada posição espiritual, discípulo de Paulo Apóstolo e um dos protetores do Codificador, nos transmite informações fundamentais a respeito desse tipo de manifestação mediúnica (it. 97 e 98).

A produção do transporte requer a participação de médiuns possuidores de desenvolvida capacidade mediúnica "[...] de expansão e de penetrabilidade, porque o sistema nervoso facilmente excitável de tais médiuns lhes permite, por meio de certas vibrações, projetar abundantemente, em torno de si, o fluido animalizado [ectoplasma] que lhes é próprio" (it. 98).

Significa dizer que o fenômeno requer, além da produção abundante de ectoplasma, uma significativa excitabilidade do sistema nervoso do médium. Destacamos outros pontos importantes:

a) O Espírito comunicante só pode operar com a ação de um único médium (nos demais fenômenos de efeitos físicos, pode ocorrer o somatório fluídico de vários Espíritos e médiuns);

b) A presença de certas pessoas, que demonstrem dúvidas ou aversão, pode impedir a concretização do fenômeno; e

c) Exige-se maior concentração e maior difusão de fluidos (it. 98).

Em consequência, os fenômenos de transporte são e continuarão a ser extremamente raros:

> Aliás, esses fenômenos são de tal natureza que nem todos os médiuns são capazes de produzi-los; direi mais: nem todos os Espíritos estão aptos a realizá-los. Com efeito, é preciso que exista certa afinidade, certa analogia, certa semelhança entre o Espírito e o médium influenciado, capaz de permitir que a parte expansiva do fluido *perispirítico* do encarnado se misture, se una, se combine com o fluido do Espírito que queira fazer um transporte (it. 98).

Trata-se, portanto, de uma manifestação mediúnica especializada, complexa. Os fenômenos de transporte exigem, pois,

> [...] circunstâncias especiais, só podem ser realizados por um único Espírito e um único médium e necessitam, além dos recursos para a produção de tangibilidade, de uma combinação muito especial para *isolar e tornar invisíveis* (destacamos) o objeto ou os objetos a serem transportados (it. 98).

As palavras de Erasto "isolar e tornar invisíveis" nos reportam, nos dias atuais, à desmaterialização da matéria, ou seja, para que ocorra o transporte, a ação conjunta Espírito-médium deve atingir os espaços intramoleculares da matéria. Sabemos hoje que quanto mais distantes forem os espaços moleculares de uma matéria, mais etérea ela se revela. A aproximação molecular, ao contrário, torna a matéria mais sólida e nitidamente visível no nosso plano. Por exemplo, se submetermos a água no estado líquido a fervura, ocorre a produção de vapor que, aos poucos, fica invisível, pairando na atmosfera as moléculas de hidrogênio e oxigênio. O resfriamento do vapor produz aproximação das moléculas de hidrogênio e oxigênio, que se precipitam na forma de água líquida (chuva) (it. 98).

Como a produção fluídica envolvida no fenômeno de transporte é abundante, os médiuns encontram-se, em geral, em transe profundo, em estado sonambúlico (it. 99).

O item 99 traz 20 questões que foram dirigidas a Erasto. Merecem ser lidas porque fornecem informações complementares ao fenômeno de transporte. Entre outras, esclarecem: por que há demora na realização de alguns transportes (tempo consumido para a combinação dos fluidos entre médium e Espírito); por que as joias ou os objetos de valor transportados não foram, efetivamente, retirados de alguém (possivelmente, eram objetos perdidos); por que, após a combinação fluídica entre o médium e o Espírito operador, o objeto torna-se invisível (desmaterializado), pois está envolvido pelos fluidos do próprio Espírito transportador: esse fato, cujo mecanismo Erasto não explicou, é que mantém a desagregação molecular e, obviamente, a invisibilidade (lembrar exemplo da água líquida transformada em vapor); os objetos transportados encontram-se em algum lugar no plano físico; Erasto esclarece que somente Espíritos mais elevados têm permissão para "criar" objetos, operando nos fluidos da Natureza ou no FCU. Essa informação é muito importante porque, se a questão da transmutação dos elementos fosse de fácil acesso a Espíritos inferiores, grandes males adviriam daí.

Um ponto digno de destaque refere-se à pergunta 20: "Numa palavra: um Espírito pode espiritualizar um objeto material, de maneira que se torne capaz de penetrar a matéria?". A resposta de Erasto é muito esclarecedora:

> Esta questão é complexa. O Espírito pode tornar invisíveis os objetos que transporta, mas não penetráveis; não pode quebrar a agregação da matéria, porque seria a destruição do objeto. Tornando-o invisível, o Espírito pode transportá-lo quando quiser e só liberar no momento oportuno, para fazê-lo aparecer.

CAPÍTULO 6: MANIFESTAÇÕES VISUAIS

1 Perguntas sobre aparições

O item 100 apresenta várias questões relacionadas às manifestações visuais dos Espíritos, assim resumidas:

a) Os Espíritos tornam-se visíveis aos encarnados durante o sono — situação em que os laços que prendem o perispírito estão mais desprendidos — e no estado de vigília, o que é menos comum;

b) Todas as categorias de Espíritos podem se tornar visíveis, movidas por boas ou más intenções;

c) Os bons Espíritos aparecem com o intuito de comprovar sua sobrevivência, demonstrar saudades, aconselhar e alguns pedir auxílio, prece. Os maus Espíritos surgem aos encarnados para amedrontá-los ou persegui-los;

d) Em geral, os Espíritos não se tornam visíveis permanentemente, pois causariam perturbações aos encarnados, confundindo-os, dificultando a vivência normal no plano físico. Os médiuns, porém, preparados desde o nascimento, podem vê-los mais frequentemente;

e) Pode-se conversar com o Espírito que se torna visível, ouvindo-o normalmente (sons articulados) ou pelo pensamento;

f) Os Espíritos apresentam aos videntes, obviamente, a forma humana, mas, querendo assustar ou criar algum impacto, podem apresentar-se com asas, caudas, chifres, na forma de animais etc. Isso é atitude comum dos Espíritos zombeteiros, brincalhões, maus, fato que caracteriza a imperfeição espiritual de que são portadores;

g) Nem sempre é possível ver os Espíritos que gostaríamos de ver. Há razões que impedem ou dificultam vê-los mesmo em sonho (às vezes, a má situação em que se encontra tal Espírito, outras vezes, porque poderia causar algum problema ao encarnado etc.);

h) Quando estamos doentes, ou na proximidade da morte, vemos Espíritos com mais facilidade porque os laços perispíriticos estão afrouxados, as ligações com o corpo são menos fortes;

i) As visões são mais comuns à noite, quando a luminosidade não interfere na visibilidade e na dispersão de fluidos. Há também outra razão: a de estarmos menos envolvidos com as atividades diárias;

j) O médium pode se encontrar sob transe quando vê Espíritos, ou não, porém a vidência ocorre não pelos olhos propriamente ditos, mas por imagem projetada no cérebro, exceto no caso das materializações, vistas por todos;

k) O princípio da visibilidade dos Espíritos é o mesmo das manifestações físicas: combinação dos fluidos animalizados do médium com os fluidos do Espírito;

l) Durante o sono, qualquer pessoa pode ver Espíritos, mas os médiuns videntes veem quando estão em vigília, uma vez que sua organização física é compatível, foi preparada antes do nascimento;

m) Certas chamas ou breves clarões (fogos fátuos) são resíduos energéticos dos Espíritos.

2 Ensaio teórico sobre as aparições

A ocorrência mais comum da visão dos Espíritos é, portanto, a que acontece durante o sono, mas é preciso cuidado para saber interpretá-la, pois pode ser

> [...] uma visão atual das coisas presentes ou ausentes; uma visão retrospectiva do passado e, em alguns casos excepcionais, um pressentimento do futuro. Muitas vezes são quadros alegóricos que os Espírito nos põem sob as vistas, para nos dar úteis avisos e salutares conselhos, se são Espíritos bons; ou para nos enganar, lisonjeando as nossas paixões, se são Espíritos imperfeitos (it. 101).[4]

As aparições propriamente ditas distinguem-se das visões do sonho, ocorrendo aí um fenômeno mediúnico porque o médium está em vigília e no pleno gozo de suas faculdades intelectuais e mentais. As aparições estão relacionadas a materializações de Espíritos, vistas por todos, porém estas são mais raras por requererem maior movimentação de fluidos (do médium e do Espírito), sobretudo de ectoplasma. As aparições são vaporosas, tênues, diáfanas, mas podem apresentar formas mais precisas, com tangibilidade, percebendo-se detalhes da fisionomia, entre outros. Em geral, as partes do corpo menos visíveis são os membros inferiores, e os mais visíveis, cabeça, cabelo, tronco, braços e mãos. Espíritos mais atrasados não revelam boa aparência, são vistos usando roupas feias, sujas, trapos etc. Em geral, trazem consigo instrumento da ocupação que tinham quando encarnados: armas do guerreiro, instrumento musical etc. Assim, a materialização e a tangibilidade dos Espíritos são mais raras. As aparições comuns são mais tênues, na forma de vultos, por exigirem menor manipulação fluídica (it. 102 a 104).

Não se deve esquecer que as propriedades do perispírito (do médium e do Espírito comunicante) são fundamentais na produção do fenômeno, sobretudo as capacidades plástica, de expansibilidade e de penetrabilidade. Usualmente, o perispírito não é visível, mesmo em se tratando de matéria, mas matéria situada em outra dimensão ou estado. Entretanto, os fluidos perispirituais podem ser associados a outros fluidos, produzindo inúmeros efeitos, inclusive os envolvidos nas aparições, materializações de Espíritos e tangibilidade destes. Importa considerar, por outro lado, que é necessário haver certo grau de afinidade dos fluidos do Espírito comunicante com os do médium, ou médiuns, caso contrário impede a manifestação do fenômeno. As aparições e materializações com o médium em estado de total vigília são raras, mas isso não impede que os videntes, mentalmente, vejam Espíritos (it. 105 a 107).

3 Espíritos glóbulos

Na verdade, o que se costuma dizer a respeito do assunto é referência a simples confusão, decorrente de efeitos óticos. Ou seja, são imagens, jogos de sombras e luzes, que podem simular a aparição de um Espírito, mas, na verdade, é uma ilusão de ótica, que se revela exacerbada em pessoas supersticiosas ou facilmente impressionáveis. Algumas dessas ilusões podem, realmente, produzir dúvidas ou causar equívocos de interpretação, daí a necessidade de observação e análise atentas do fenômeno (it. 108 a 110).

4 Teoria da alucinação

O assunto já foi, de certa forma, estudo na primeira parte de *O livro dos médiuns*, no capítulo "Sistemas". Contudo, a vidência de Espíritos é usualmente classificada pela Medicina e Psicologia como alucinação, ainda que os videntes não apresentem qualquer anomalia fisiológica ou psíquica. Sendo ciências materialistas, que não percebem a existência e sobrevivência dos Espíritos, focam seus ensinos na existência de um indivíduo, do nascimento à morte. Por outro lado, pesquisas e estudos sérios, produzidos por profissionais respeitáveis, demonstram o contrário. Muitos paradigmas ainda serão modificados, sobretudo no que diz respeito aos aspectos da saúde mental.

A teoria da alucinação, quando aplicada à vidência de Espíritos, revela-se cada vez mais frágil, ainda que o médium nem sempre esteja, efetivamente, vendo um Espírito, mas uma forma-pensamento ou criação mental. Assim sendo, pouco ou nada contribui a Ciência para explicar sonhos, percepções e vidências, apesar de avanços como as escolas e especialidades na Psiquiatria e Psicanálise, que procuram analisar mais profundamente essas visões por meio de métodos específicos. Há situações em que é difícil determinar se ocorre, de fato, uma vidência ou uma alucinação, ou até mesmo uma ilusão de ótica. Daí a necessidade de estudos mais aprofundados. Qualquer interpretação superficial, nesse assunto, é perigosa (it. 112 a 113).

As vidências, como qualquer manifestação mediúnica, estão sujeitas a equívocos porque dependem do grau de desenvolvimento da faculdade psíquica, da qualidade da sua percepção e da interpretação do médium. Por isso as vidências são sujeitas a dúvidas. Por outro lado, há médiuns videntes que só conseguem ver de forma simbólica: por exemplo, a chuva de livros caindo sobre a cabeça de Chico Xavier, vista pela médium, alusiva à missão que ele, Chico, desempenharia.

CAPÍTULO 7: BICORPOREIDADE E TRANSFIGURAÇÃO

Consideradas por Allan Kardec variedades das manifestações visuais, a *bicorporeidade* e a *transfiguração* ocorrem mais comumente com o encarnado, tendo como base as propriedades do perispírito. Na bicorporeidade, o Espírito e seu perispírito afastam-se de forma mais pronunciada do corpo e ele se torna visível em outro lugar, distante do local onde está o corpo físico. A bicorporeidade apresenta diferentes graus de manifestação, desde breves e sutis aparições até as materializações tangíveis. A transfiguração, contudo, apresenta outras características: por ação no perispírito, o encarnado imprime modificações na própria aparência (it. 122), também variáveis quanto à categoria (it. 114).[5]

Vulgarmente denominadas "aparições de Espíritos de pessoas vivas", Kardec relata-nos alguns exemplos de bicorporeidade nos itens 115, 116 e 117. No primeiro item, temos a aparição frequente de uma vendedora de frutas. Ela se tornava visível à noite, havendo ou não claridade no ambiente, à esposa de um amigo do Codificador, provocando nesta grande medo, pois nada sabia dos fenômenos espíritas. Naturalmente, esta senhora (a esposa do amigo de Kardec) era médium vidente, ainda que não se desse conta do fato, vendo outros Espíritos além da vendedora de frutas, inclusive o seu irmão, que se encontrava na Califórnia. O item 116 relata a visão de uma enferma referente a um senhor idoso que morava na mesma cidade em que ela vivia. O diferente nessa história é que, por ter conhecimento espírita, nada temia, captando os sentimentos amigáveis do Espírito visitante. O item 117 refere-se à história inusitada de uma moça que, ao se libertar parcialmente do corpo físico durante o sono, apareceu ao futuro esposo. Um ano após, o casal se conheceu no plano físico e, sob forte emoção, se lembraram da vidência mútua que tiveram.

As aparições, seja de encarnados, seja de desencarnados, são mais comuns, corriqueiras até, durante os sonhos. Contudo, há situações específicas em que se tornam usuais, como no transcurso de uma enfermidade, ante uma provação mais difícil, ou quando da proximidade da desencarnação. Passada a dificuldade, a pessoa deixa de ver corriqueiramente. Seria útil fazer releitura de *A gênese*, capítulo 11, item 17, que, ao fornecer explicações do processo reencarnatório e como o perispírito está unido ao corpo físico, melhor compreensão fornece das propriedades do perispírito, sobretudo a de expansibilidade e de elasticidade (flexibilidade). Tais propriedades, em particular, permitem ao Espírito deslocar-se a grandes distâncias, mas mantendo-se ligado ao corpo físico. E mais: há um laço perispiritual luminoso — denominado "cordão de prata" ou "cordão fluídico", por algumas escolas espiritualistas — que mantém unido o perispírito ao corpo físico. Tal como acontece no cordão umbilical que fornece nutrientes ao feto, o cordão perispiritual mantém a vitalidade do corpo físico (it. 118).

O item 119 apresenta exemplos dos chamados "homens duplos" — como o filósofo, teólogo e escritor católico, nascido na Itália, Afonso/Alfonso de Liguori (169-1787) e o padre português, doutor da Igreja Católica, profundo conhecedor das Escrituras, Antônio de Pádua (1195-1231), ambos canonizados pela Igreja Católica. Os dois dispunham de aprimorado desenvolvimento da capacidade de bicorporeidade, sendo usualmente vistos em dois lugares simultaneamente: em um lugar estava o corpo dormindo, em outro, o Espírito aparecia materializado. É notável a história de Antônio de Pádua cujo Espírito se materializou em Lisboa e defendeu o pai, em plena luz do dia, de falsa e grave acusação que lhe era direcionada, enquanto seu corpo permanecia no mosteiro na Itália (it. 121). O livro *Antônio de Pádua*, publicado pela FEB, é leitura obrigatória para quem deseja conhecer a história e os detalhes da bicorporeidade (it. 119, perg. 1 a 4).

No item 120, Kardec relata a experiência de bicorporeidade vivenciada pelo imperador romano Tito Flávio Sabino Vespasiano (9-79 d.C.) ao presenciar a aparição Basílide/Basídes (datas de nascimento e morte desconhecidas) — culto professor do ensino gnóstico da Escola de Alexandria, Egito, onde ensinou entre 117-138 d.C. —, que se encontrava a quilômetros de distância um do outro.

Não podemos esquecer a excepcional bicorporeidade de Eurípedes Barsanulfo, respeitado médium espírita de Sacramento (MG). São famosas as suas aparições. Nos dias atuais, é comum denominar o fenômeno de bicorporeidade de desdobramento da alma, ou desdobramento da personalidade/consciência.

Na transfiguração, há modificações visíveis não só na expressão fisionômica, mas também no porte e na disposição corporal, nos gestos. Trata-se de um fenômeno raro. Contrações musculares, expressões do olhar, movimentos das pálpebras, entre outros, podem imprimir mudanças significativas na fisionomia, tornando-a mais jovem ou mais idosa, mostrando semelhanças com outras pessoas etc. Tais alterações estão relacionadas, obviamente, à correta manipulação das propriedades do perispírito (it. 122 e 123). Veja também: *Mateus*, 17:2.

Partindo-se do princípio de

> [...] que o Espírito pode dar ao seu perispírito todas as aparências; que, mediante uma modificação na disposição molecular, pode dar-lhe a visibilidade, a tangibilidade e, por conseguinte, a *opacidade*; que o perispírito de uma pessoa viva [encarnada], isolado do corpo, é passível das mesmas transformações; e que essa mudança de estado opera pela combinação dos fluidos. [...] Nesse estado, o perispírito pode sofrer as mesmas modificações que sofreria, caso estivesse separado do corpo (it. 123).

A invisibilidade do corpo físico carece de mais esclarecimentos. Em tese, é possível que o corpo físico de um encarnado possa tornar-se invisível, desde que se saiba manipular as moléculas e os átomos que o constituem. Os processos de transporte de objetos e Espíritos, seguidos de suas materializações, talvez sejam a chave explicativa (it. 124).

Os *agêneres* são materializações de Espíritos por tempo mais prolongado. Por serem tão completas, são facilmente confundidas com pessoa encarnada.[83]

---

83 Leia a respeito na *Revista Espírita*, de fevereiro de 1859, em *Obras póstumas*, primeira parte, item: Homens duplos. Aparições de pessoas vivas. A aparição de Jesus na Estrada de Emaús (*Lucas*, 24:13 a 31). Veja também no Velho Testamento, o *Livro de Tobias* (5:4), a aparição e materialização do anjo Rafael que, na forma de agênere, viajou com o jovem Tobias por mais de dois dias.

CAPÍTULO 8: LABORATÓRIO DO MUNDO INVISÍVEL

Em geral, os Espíritos que estão desencarnados há algum tempo apresentam-se vestidos de túnicas ou vestimentas semelhantes. Os que desencarnaram recentemente, ou que se mantêm presos aos hábitos do plano físico, ou ainda, quando desejam imprimir algum sinal identificatório, usam as vestes e os acessórios que utilizavam quando encarnados (it. 126).

As vestes e os objetos usados pelos Espíritos são, efetivamente, reais. São de tal maneira consistentes e verdadeiros como os caracteres de uma escrita direta (pneumatografia), materializados diretamente em uma folha de papel ou em outras superfícies, ou como nossas vestimentas e nossos acessórios, que lhes servem de referência ou modelo (it. 127 e 128).

Por meio do pensamento e da vontade, os Espíritos moldam ou constroem suas vestimentas e seus acessórios, utilizando as propriedades do perispírito, do fluido cósmico universal, dos fluidos em geral e dos elementos materiais dispersos em ambos os planos de vida (it. 128, perg. 1 a 12; e 129).

É possível que Espíritos menos adiantados usem as mãos para confeccionar suas roupas, ainda que o processo seja mental, da mesma forma que as utilizamos aqui para fazermos algo. Os Espíritos também sabem alterar a constituição de uma substância, imprimindo-lhe qualidades curativas, por exemplo. O Espírito São Luís afirma que o processo é de *formação, não de criação*.[7]

Vestimentas, alimentos, objetos etc., "fabricados" pelos Espíritos, refletem um ato consciente ("sabem o que fazem") ou um comando instintivo. Em geral, as substâncias com alguma vitalidade têm pouca durabilidade. Há um período específico de validade para elas, da mesma forma que as substâncias do plano físico em cuja constituição encontram-se elementos vitais (proteínas, açúcares, gorduras etc.), passíveis de serem degradáveis. Somente substâncias e objetos sem vitalidade, como uma mensagem escrita, uma pedra etc., apresentam maior durabilidade, às vezes, ilimitada (it. 128, perg. 13 a 18).

> A teoria [...] pode ser resumida assim: o Espírito atua sobre a matéria; da matéria cósmica universal tira os elementos necessários para formar, como bem entenda, objetos que tenham a aparência dos diversos corpos existentes na Terra. Pode igualmente, pela ação da sua vontade, operar sobre a matéria elementar uma transformação íntima, que lhe confira determinadas propriedades. Esta faculdade é inerente à natureza do Espírito, que muitas vezes a exerce de modo instintivo, quando necessário, sem nada perceber (it. 129).

A explicação para a ocorrência dessa ordem de fenômenos é assim sintetizada pelos orientadores da Codificação Espírita:

> A existência de uma matéria elementar única está hoje praticamente admitida pela Ciência e confirmada pelos Espíritos,[84] [...]. Essa matéria dá origem a todos os corpos da natureza e também produz, pelas transformações que sofre, as diversas propriedades desses mesmos corpos. Tanto é assim que, por efeito de simples modificação, uma substância salutar pode tornar-se venenosa, conforme numerosos exemplos que a Química nos oferece. Todos sabem que duas substâncias inofensivas, combinadas em certas proporções, podem dar origem a uma que seja deletéria. Uma parte de oxigênio e duas de hidrogênio, ambos inofensivos, formam a água. Juntai um átomo de oxigênio e tereis um líquido corrosivo [neste caso, forma-se a água oxigenada que concentrada é altamente corrosiva]. Mesmo sem mudar as proporções, basta muitas vezes a simples alteração no modo de agregação molecular para modificar as propriedades. É dessa forma que um corpo opaco pode tornar-se transparente e *vice-versa* (it. 130).

As transformações ocorridas nos processos de magnetização, usuais na transmissão do passe e nas curas, têm como base as mesmas leis que regem a confecção de vestuário e acessórios, ou a materialização

---

[84] Veja em *O livro dos espíritos*, as questões 27, 27-a, 65 e 427. Em *A gênese*, cap. 14, Os Fluidos. Atualmente, a Ciência considera este assunto por meio da Teoria de Tudo ou da Grande Unificação. Veja, a respeito, o artigo "A Teoria de Tudo", publicado em *Reformador* de setembro de 2008.

de mensagens escritas ou faladas (respectivamente, pneumatografia e pneumatofonia). O poder do pensamento e da vontade são fatores essenciais na produção de tais fenômenos (it. 131).

A ação curadora está bem explicada em *A gênese*, capítulo 14, itens 31 a 34, assim como em *O livro dos médiuns*, cap. VIII.

CAPÍTULO 9: LUGARES ASSOMBRADOS

A presença espontânea de Espíritos em certas localidades originou a ideia de que esses locais seriam "lugares assombrados". A atração de alguns Espíritos por tais localidades decorre do apego que revelam ter por objetos ou pelas condições ambientais. Outros são atraídos, e ali fixam residência por tempo indeterminado, em razão de suas ligações afetivas ou de mágoas com os encarnados que ali vivem. Os que se apegam a lugares e pessoas são Espíritos ainda inferiores, pois todo apego é sinal de inferioridade, traduz-se, de alguma forma, como uma prisão. Os bons Espíritos não se revelam prisioneiros de objetos ou lugares e, quando se ligam a alguém, é para ajudá-lo. Contudo, importa assinalar: nem todos os Espíritos que se ligam a lugares e/ou pessoas são, efetivamente, maus (it. 132, perg. 1 a 3).

É crença comum supor que os Espíritos menos adiantados são encontrados em locais ermos, desertos, isolados. Na verdade, "[...] os Espíritos gostam da presença dos homens e por isso preferem os lugares habitados aos desabitados" (it. 132, perg. 4).

Acredita-se que os Espíritos são mais percebidos em determinadas horas do dia, em geral, à noite ou após a meia-noite. Trata-se de um equívoco, pois, a rigor, estamos constantemente cercados por eles, cuja manifestação decorre das possíveis sintonias estabelecidas entre os dois planos de vida. As histórias de aparições ou manifestações dos Espíritos em horários noturnos foram vulgarizadas não pela hora em si, mas porque, no período da noite, as pessoas estão menos ativas, desconcentradas das atividades reclamadas durante o dia. Por outro lado, o silêncio e a obscuridade favorecem a imaginação, o repouso e, nesse clima, o encarnado traz a percepção mais aguçada. Nenhum dia da semana, como a sexta-feira, é mais especial que outro dia para ocorrência de manifestações dos Espíritos. Estão aptos a se comunicarem em qualquer dia e horário. Destacamos, porém, que alguns desencarnados preferem viver mais isolados, em lugares ermos, com pouca movimentação de pessoas (encarnadas e desencarnadas). Isso se dá em razão de suas características individuais, porque se sentem melhor longe do convívio social (it.132, perg. 4 a 7-a e 9).

Somente os Espíritos mais necessitados permanecem vagando em cemitérios, próximos ao túmulo onde seu corpo físico foi sepultado. O corpo físico, para qualquer Espírito, é sempre uma prisão, daí por que a grande maioria dos desencarnados não se apegar a ele, da mesma forma que um preso procura esquecer o presídio onde, por algum motivo, esteve encarcerado. Entretanto, como os Espíritos sofredores necessitam de prece — as boas energias da oração funcionam como um bálsamo, um alívio, aos seus padecimentos — e de presença humana e como os encarnados têm o hábito de pronunciar preces nos cemitérios, eles vão a tais localidades unicamente para se beneficiarem. Igualmente, dirigem-se a um templo religioso, ainda que não tenham professado qualquer religião quando encarnados. O desencarnado é, então, atraído para certas localidades, objetos e pessoas em razão de suas recordações, boas ou más, e dos consequentes sentimentos que inspiram (it.132, perg. 8 e 8-a).

Nem sempre as manifestações que ocorrem nos locais vulgarmente denominados "assombrados" são dos seus ex-moradores:

> Se o antigo morador de um desses lugares for Espírito elevado, não se preocupará com a sua habitação terrena nem com o seu corpo. Os Espíritos que assombram certos lugares quase sempre o fazem por mero capricho, a menos que para lá sejam atraídos pela simpatia que lhes inspirem certas pessoas.

Importa considerar que alguns Espíritos esclarecidos se instalam, às vezes, em certos lugares para poderem auxiliar encarnados, não porque tenham qualquer apego ao local.

Assim, a visita e/ou permanência em lugares denominados assombrados só causam transtornos se ocorrerem sintonias com os Espíritos que ali se encontram. A sintonia é o ponto principal da questão. Mantendo o pensamento e o comportamento harmonizados, dificilmente seremos vítimas das ações dos Espíritos mais imperfeitos (It. 132, perg. 9 a 12).

A melhor maneira de afastar Espíritos perturbadores é atrair os bons. Exorcismo, práticas ritualistas (acender velas, incensos, recitação de fórmulas etc.) não têm o menor efeito e resultam em divertimento para muitos desencarnados que costumam convidar outros, da mesma categoria, para presenciarem as encenações dos encarnados. Atrair os bons Espíritos é a única solução. As elevadas vibrações da prece, um comportamento equilibrado, a prática do Bem e a evocação direta de Benfeitores são recursos imprescindíveis. O afastamento de perturbadores espirituais pode ser tarefa árdua, e, não raro, podemos cair em suas armadilhas, uma vez que, como Espíritos imperfeitos que somos, nem sempre conseguimos manter um padrão de equilíbrio espiritual. O auxílio dos bons Espíritos, então, representa recurso indispensável (it.132, perg. 13, 13-a e 14).

As manifestações perturbadoras e mesmo malévolas dos Espíritos em lugares que passam a ser conhecidos como assombrados são de vários tipos, seja porque desejam chamar a atenção dos encarnados, seja movidos por desejo de vingança. Pancadas, ruídos e aparições são efeitos mais comuns, em geral produzidos por Espíritos sofredores que não desejam fazer o mal, mas apenas pedir socorro. Essas manifestações podem ser produzidas também por bons Espíritos, que desejam provar sua presença por algum motivo específico, e por Espíritos levianos e brincalhões, que se divertem com os sustos e medos que provocam (it. 32, perg. 14).

Concluímos

> [...] que há Espíritos que se apegam a certos lugares, preferindo permanecer neles, embora não tenham necessidade de manifestar sua presença por meio de efeitos sensíveis. Qualquer lugar pode servir de morada obrigatória ou predileta de um Espírito, mesmo que seja mau, sem que isso implique necessariamente a produção de alguma manifestação da parte deles. Os Espíritos que se prendem a certas localidades, ou a certas coisas materiais nunca são Espíritos superiores, o que não significa que sejam maldosos, ou que alimentem alguma intenção má. Não raro, são até comensais mais úteis do que prejudiciais, já que podem proteger as pessoas pelas quais se interessam (it. 132, perg. 14).

RESUMO DE *O LIVRO DOS MÉDIUNS* – PARTE 2 MANIFESTAÇÕES ESPÍRITAS

CAPÍTULO 10: NATUREZA DAS COMUNICAÇÕES

Para entender com propriedade a natureza das comunicações mediúnicas, importa considerar que elas estão, necessariamente, relacionadas ao grau de desenvolvimento intelecto-moral dos comunicantes. Daí ser de fundamental importância que se faça uma leitura de *O livro dos espíritos*, a partir da questão 100, que trata da escala espírita (it. 133).

As comunicações dos Espíritos podem ser didaticamente classificadas em quatro categorias, considerando, porém, que entre uma e outra há inúmeras variedades. São elas: comunicações grosseiras, frívolas, sérias e instrutivas (it. 133).

1 Comunicações grosseiras

> [...] são as que se traduzem por expressões que ferem o decoro. Só podem provir de Espíritos de baixa condição, ainda cobertos de todas as impurezas da matéria, e em nada diferem das comunicações dadas por homens viciosos e grosseiros. [...] De acordo com o caráter dos Espíritos que as transmitem, serão triviais, ignóbeis, obscenas, insolentes, arrogantes, malévolas e mesmo ímpias (it. 134).

Os médiuns que venham a transmitir comunicações desses Espíritos devem ser cuidadosos e suficientemente educados, em termos mediúnicos, a fim de saberem filtrar adequadamente o pensamento e as expressões de tais Espíritos para que o decoro seja mantido.

2 Comunicações frívolas

[...] emanam de Espíritos levianos, zombeteiros ou brincalhões, mais maliciosos do que maus, e que não ligam a menor importância ao que dizem. Como nada contêm de indecoroso, essas comunicações agradam a certas pessoas, que com elas se divertem, porque encontram prazer nas conversações fúteis [...]. Esses Espíritos levianos pululam ao nosso redor e se aproveitam de todas as ocasiões para se intrometerem nas comunicações. Como a verdade é o que menos os preocupa, sentem malicioso prazer em mistificar os que têm a fraqueza e mesmo a presunção de acreditar nas suas palavras (it. 135).

Os médiuns iniciantes, sobretudo, devem tomar muito cuidado com esses Espíritos, que são numerosos. Além do mais, é preciso considerar que há gradação de leviandade e de malícia. Algumas são simples tiradas espirituosas, sem maiores consequências. Outras não; são grosseiras, irreverentes e muito inconvenientes.

Alguns Espíritos se apresentam com ar de seriedade e transmitem algumas informações verdadeiras, mescladas com muitas mentiras ou invencionices. O médium que os ouve e acata suas ideias cai no ridículo e, com o passar do tempo, perde a confiança dos encarnados e dos orientadores. Conhecimento doutrinário e bom senso auxiliam, e muito, a lidar com os levianos e embusteiros existentes no mundo espiritual. "[...] Os Espíritos sérios se afastam delas [das criaturas que se comprazem nessas comunicações], do mesmo modo que, em nossa sociedade, os homens sérios se afastam das pessoas inconvenientes" (it. 135).

3 Comunicações sérias

[...] são dignas de atenção quanto ao assunto e elevadas quanto à forma. Toda comunicação que exclui frivolidade e grosseria e que tem em vista um fim útil, mesmo que seja de caráter particular, é uma comunicação séria, *o que não significa que esteja sempre isenta de erros. Nem todos os Espíritos sérios são igualmente esclarecidos* [grifos nossos.] há muita coisa que eles ignoram e sobre as quais podem enganar-se de boa-fé. *É por isso que os Espíritos verdadeiramente superiores nos recomendam sem cessar que submetamos todas as comunicações ao controle da razão e da mais rigorosa lógica* (it. 136, grifos nossos).

Com relação às comunicações sérias, precisamos distinguir as *verdadeiras* das *falsas*, o que nem sempre é fácil, porquanto é graças à própria gravidade da linguagem que certos Espíritos presunçosos, ou pseudossábios, procuram impor as mais falsas ideias e os mais absurdos sistemas. E para se fazerem mais acreditados e importantes, não têm escrúpulos de se adornarem com os mais respeitáveis nomes e até com os mais venerados. Esta é uma das maiores dificuldades da ciência prática [da prática mediúnica] [...] (it.136).

4 Comunicações instrutivas

"[...] são comunicações sérias que têm como principal objetivo um ensinamento qualquer, dado pelos Espíritos, sobre as ciências, a moral, a filosofia etc. São mais ou menos profundas, conforme o grau de elevação ou de *desmaterialização* do Espírito" (it. 137).

Para se retirarem frutos reais dessas comunicações, é preciso que elas sejam regulares e seguidas com perseverança. Os Espíritos sérios se apegam aos que desejam instruir-se e os ajudam em seus esforços, deixando aos Espíritos levianos a tarefa de divertirem os que só veem nas comunicações uma forma de distração passageira. É somente pela regularidade e frequência daquelas comunicações que se pode apreciar o valor moral e intelectual dos Espíritos com os quais nos comunicamos (it. 137).

Esses esclarecimentos de Allan Kardec são muito úteis à prática mediúnica, sobretudo quando o Espírito comunicante é pouco conhecido. Somente com o tempo, após um número significativo de mensagens, é possível avaliar o caráter e a seriedade das mensagens de um Espírito, discernindo se os comunicados são, de fato, instrutivos. Em relação aos comunicantes conhecidos, é mais fácil avaliar, desde a primeira mensagem, se o conteúdo das ideias transmitidas são compatíveis com a respeitabilidade já conhecida do Espírito (it. 137).

Outra característica fundamental das comunicações instrutivas é que devem ser *verdadeiras*, "[...] **pois o que não é *verdadeiro* não pode ser** *instrutivo*, **ainda que dito na mais importante linguagem**. Consequentemente, não poderíamos incluir nessa categoria certos ensinos que de sério só têm a forma, muitas vezes empolada e enfática, por meio da qual os Espíritos, mais presunçosos do que sábios, pretendem iludir os que a recebem" (it. 137, grifos nossos).

Tais tipos de comunicações mediúnicas (grosseiras, frívolas, sérias e instrutivas) podem ser transmitidas não só pela escrita (psicografia), mas também pela fala (psicofonia), conforme o usual. Os "[...] Espíritos podem manifestar-se à nossa visão por meio de aparições; ao nosso tato, por impressões tangíveis, visíveis ou ocultas; à audição pelos ruídos; ao olfato por meio de odores sem causa desconhecida" (it. 138). Em síntese, os meios mais corriqueiros de manifestação dos Espíritos são: "[...] *as pancadas, a palavra e a escrita* [...]" (it. 138).

CAPÍTULO 11: SEMATOLOGIA E TIPTOLOGIA

Como visto no capítulo anterior, há três meios de se obter comunicação com os Espíritos: pelas pancadas, pela palavra e pela escrita. Este capítulo se dedica ao primeiro. Sematologia, ou estudo dos sinais, é o gênero cuja espécie é a tiptologia, isto é, o estudo das pancadas.

As primeiras comunicações se deram por meio das pancadas e de modo tão primitivo que apenas era possível obter respostas simples como "sim" e "não", mediante convencionado número de pancadas.

Esse tipo de comunicação exige médiuns especiais, uma vez que se trata de uma espécie de mediunidade de efeitos físicos. Há duas maneiras de se obter esse tipo de comunicação:

1 Tiptologia por meio de básculo

> [...] consiste no movimento da mesa, que se levanta de um só lado e cai batendo com um dos pés. Basta para isso que o médium lhe ponha a mão na borda. Se desejar conversar com determinado Espírito, será necessário evocá-lo. Caso contrário, manifesta-se o primeiro a chegar ou o que esteja acostumado a apresentar-se habitualmente. [...] O inconveniente deste método está na brevidade das respostas e na dificuldade de formular a pergunta de modo a permitir a resposta por um *sim* ou a um *não* (it. 139).

Nesse movimento, é possível perceber a sematologia, ou linguagem dos sinais, pela qual o Espírito se exprime fazendo uma espécie de *mímica*, ou seja, denota "a energia da afirmação ou da negação pela força das pancadas" (it. 140).

Também expressa a natureza dos sentimentos que o animam: a violência, pela brusquidão dos movimentos; a cólera e a impaciência, por meio de pancadas fortes e repetidas, como alguém que batesse os pés com raiva, chegando às vezes a jogar a mesa ao chão. Se for um Espírito amável e delicado, a mesa se inclinará no começo e no final da sessão, como se estivesse saudando alguém; se quiser dirigir-se diretamente a um dos assistentes, a mesa se moverá em sua direção com brandura ou violência, conforme deseje testemunhar-lhe afeição, ou antipatia (it. 140).

2 Tiptologia alfabética

Trata-se de uma técnica em que as letras do alfabeto são indicadas mediante um número convencional de pancadas, sendo então possível se obter palavras, frases e até discursos inteiros. De acordo com o método adotado, a mesa dará tantas pancadas quantas forem necessárias para indicar cada letra, isto é, uma pancada para o *a*, duas pancadas para o *b*, e assim por diante (it. 141).

Esse modo é muito lento, mas, com o passar do tempo, foi possível desenvolver abreviaturas.

A mais frequente consiste na utilização de um alfabeto e da série de algarismos indicadores das unidades. Estando o médium sentado em volta da mesa, uma outra pessoa percorre sucessivamente as letras do alfabeto, se a intenção for obter uma palavra, ou a série de algarismos, quando se tratar da indicação de um número. Apontada a letra escolhida, a mesa, por si mesma, bate uma pancada e escreve-se a letra. Recomeça-se a operação para se obter a segunda, depois a terceira letra e assim sucessivamente. Se houver engano na indicação de alguma letra, o Espírito previne o equívoco por meio de pancadas repetidas ou de um movimento especial da mesa; o processo, então, recomeça (it. 141).

Essas duas formas podem ocorrer pela *tiptologia interna*, que consiste em obter pancadas produzidas na própria madeira da mesa, sem nenhuma espécie de movimento, processo já descrito no capítulo dois, "Manifestações físicas", item 64. Nem todos os médiuns estão aptos a tais manifestações, mas com treino é possível.

Esse método tem a dupla vantagem de ser mais rápido e menos sujeito à suspeição do que o processo do básculo, que pode ser atribuído a uma pressão voluntária. É verdade que as pancadas no interior da madeira também podem ser imitadas por médiuns de má-fé. As melhores coisas podem ser simuladas, o que nada prova contra elas (it. 142).

Entretanto, por mais que se aperfeiçoe esse tipo de comunicação, a tiptologia não se compara com a escrita, que é mais rápida e fácil. Por isso, a tiptologia vem sendo pouco utilizada, embora tenha a vantagem de ser um fenômeno que impressiona, principalmente aos novatos, e que prova a absoluta independência do pensamento do médium. Importante lembrar, nesse contexto, que, qualquer que seja o meio empregado, os Espíritos esclarecidos não se prestam "aos caprichos dos curiosos, que desejem experimentá-los por meio de questões despropositadas" (it. 142).

> Com vistas a melhor garantir a independência do pensamento do médium, imaginaram-se diversos instrumentos em forma de mostradores, sobre os quais se traçam as letras, à maneira dos usados nos telégrafos elétricos. Uma agulha móvel, que a influência do médium põe em movimento, mediante um fio condutor e uma polia, indica as letras. Só conhecemos esses instrumentos pelos desenhos e descrições que têm sido publicados na América, de modo que nada podemos dizer quanto ao valor deles. Aliás, a complicação que denotam constitui, por si só, um inconveniente. Achamos que a independência do médium é perfeitamente comprovada pelas pancadas internas e, ainda melhor, pelo imprevisto das respostas, do que por todos os meios materiais. Acresce notar que os incrédulos, sempre dispostos a ver artifícios por toda parte, estarão muito mais inclinados a supô-los num mecanismo especial, do que numa mesa desprovida de todo e qualquer acessório (it. 143).

Com a continuidade das manifestações espíritas, seguida do seu estudo por pessoas sérias, outras formas de comunicação pela escrita surgiram.

> Um aparelho muito simples, porém, do qual a má-fé pode facilmente abusar, conforme veremos no capítulo das fraudes, é o que designaremos sob o nome de *mesa Girardin*, em atenção ao uso que dele fazia a Sra. Émile de Girardin nas numerosas comunicações que obtinha como médium. É que essa senhora, embora fosse uma mulher de

espírito, tinha a fraqueza de crer nos Espíritos e nas suas manifestações... O instrumento consiste num tampo móvel de mesinha de centro, de 30 a 40 centímetros de diâmetro, girando livre e facilmente em torno de um eixo, tal como uma roleta. Sobre a sua superfície e acompanhando-lhe a circunferência se acham traçados, à maneira de um mostrador de relógio, as letras do alfabeto, os algarismos e as palavras *sim* e *não*. No centro existe uma agulha fixa. Quando o médium põe os dedos na borda do disco móvel, este gira e para, quando a letra desejada está sob a agulha. As letras indicadas são anotadas, umas após outras, formando-se, assim, muito rapidamente, palavras e frases (it. 144).

É de se notar que o disco de madeira não desliza sob os dedos do médium, mas os dedos dele se apoiam no disco e acompanham seu movimento. Talvez um médium poderoso consiga obter um movimento independente, o que não nos parece impossível, embora nunca o tenhamos observado. Se pudéssemos fazer a experiência dessa maneira, ela seria infinitamente mais concludente, porque eliminaria toda possibilidade de embuste (it. 144).

> Resta-nos desfazer um erro muito espalhado: o de se confundirem com os Espíritos batedores todos os Espíritos que se comunicam por meio de pancadas. A tiptologia constitui um meio de comunicação como qualquer outro, e que não é mais indigno dos Espíritos elevados do que o da escrita ou da palavra. Todos os Espíritos, bons ou maus, podem servir-se dele tão bem quanto dos demais meios existentes. O que caracteriza os Espíritos superiores é a elevação das ideias, e não o instrumento de que se utilizem para transmiti-las. Sem dúvida, eles preferem os meios mais cômodos e, sobretudo, mais rápidos; porém, em falta de lápis e papel, não hesitarão em valer-se da vulgar mesa falante, e a prova disso é que, por esse meio, se têm obtido os mais sublimes ditados. Se não nos servimos dele, não é porque o consideremos desprezível, mas unicamente porque, como fenômeno, já nos ensinou tudo quanto poderíamos aprender, nada mais podendo acrescentar às nossas convicções, e também porque a extensão das comunicações que recebemos exige uma rapidez incompatível com a tiptologia (it. 145).

Vemos, assim, que nem todos os Espíritos que se manifestam por pancadas são Espíritos batedores. Essa expressão deve ser reservada para os que poderíamos chamar batedores *profissionais* e que, por esse meio, se deleitam em pregar peças para divertir os outros, em causar aborrecimentos com suas importunações. Podem, algumas vezes, soltar ditos espirituosos; nunca, porém, coisas profundas. Seria, por conseguinte, pura perda de tempo fazer-lhes perguntas de certo alcance científico ou filosófico. A ignorância e a inferioridade que lhes são peculiares levaram os outros Espíritos, com justa razão, a qualificá-los de palhaços, ou saltimbancos do mundo espiritual. Acrescentemos que, além de agirem quase sempre por conta própria, também são, com muita frequência, instrumentos de que se servem os Espíritos Superiores quando querem produzir efeitos materiais (it. 145).

CAPÍTULO 12: PNEUMATOGRAFIA OU ESCRITA DIRETA. PNEUMATOFONIA

A pneumatografia, ou escrita direta, é a "[...] produzida diretamente pelo Espírito sem nenhum intermediário. Difere da *psicografia* por ser esta a transmissão do pensamento do Espírito, mediante a escrita feita com a mão do médium" (it. 146). A pneumatofonia são "[...] gritos de toda espécie e sons vocais que imitam a voz humana" (it. 150), emitidas pelos Espíritos diretamente no meio ambiente, ou no íntimo da pessoa, aparentemente sem intervenção de um médium. Não se trata de uma *psicofonia*.

As expressões "sem nenhum intermediário" e "sem intervenção de um médium" não devem ser interpretadas no sentido literal. Ambos os fenômenos fazem parte das manifestações de efeitos físicos, relacionadas às materializações. No caso, materializações de palavras e de sons, respectivamente. Sendo assim, há sempre um médium que fornece os fluidos magnéticos (ectoplasmas) necessários para a execução dos fenômenos.

Ambas as manifestações espíritas são passíveis de embuste e podem, facilmente, enganar pessoas desatentas. As conhecidas "escritas invisíveis" (ou "escritas mágicas"), ainda muito utilizadas hoje em dia, são exemplos de simulação da pneumatografia.

Obtém-se a tinta invisível pela utilização de uma substância usada para escrever. Essa substância pode ficar invisível no momento da utilização, ou imediatamente após. Para tornar visível o que foi escrito, aplica-se, no local, calor ou uma substância reveladora. O uso da tinta invisível é uma forma de esteganografia — palavra de origem grega que significa "escrita escondida", isto é, o estudo e uso das técnicas para ocultar a existência de uma mensagem dentro de outra. Na esteganografia, uma escrita é camuflada em outra a fim de mascarar o seu verdadeiro sentido. Daí ser muito utilizada em espionagem. É importante traçar a diferença entre criptografia e esteganografia. A primeira palavra oculta o *significado* da mensagem, a segunda oculta a *existência* da mensagem.

As formas mais simples de tinta invisível são suco de limão e leite. Escreve-se no papel uma frase ou mensagem, utilizando palito ou mergulhando o dedo no líquido. Uma vez seco, o papel fica sem nada visível. Aquecendo rapidamente (no forno ou com o ferro de passar roupa), aparece a escrita. Outros tipos de tinta invisível incluem reações químicas diferentes, geralmente uma reação tipo ácido-base. Por exemplo, escrever mensagem numa folha de papel em branco com um pincel impregnado de solução alcoólica de fenolftaleína. Deixar secar. Em seguida, aplicar uma solução de limpar vidros na forma de *spray*. Explicação: a mensagem escrita com fenolftaleína permanece incolor na presença de soluções ácidas e neutras. Quando borrifada com uma solução básica (limpa-vidros), adquire a cor carmim, conseguindo-se, assim, revelar a mensagem. Atualmente, há no mercado canetas de tintas invisíveis, cuja mensagem é lida passando-a por uma fonte de luz ultravioleta. Esse tipo de tinta invisível é usado para marcar obras de arte e cédulas de dinheiro, ajudando a identificá-las em caso de roubo ou de falsificação.

A escrita direta é relatada em diferentes épocas, como atesta esta passagem de o Velho Testamento: por ocasião em que se realizava um banquete oferecido pelo rei Balthazar, ao qual compareceram mais de mil pessoas da corte, no momento em que bebiam vinho e louvavam os deuses, apareceram dedos que escreviam defronte do candeeiro na superfície da parede da sala do rei, o qual via os movimentos da mão que escrevia (*Daniel*, 5:5).

Allan Kardec cita uma publicação do barão Luis de Guldenstubbè (1820–1873) que trata exclusivamente da escrita direta: 15 estampas e 93 fac-símiles (it. 147). Esse grande paladino do Espiritismo, de origem sueca e pertencente à antiga família escandinava, foi um grande trabalhador e pesquisador do Espiritismo, que teve também suas obras queimadas na Espanha, pela Santa Inquisição, no dia 9 de outubro de 1861, no conhecido Auto de Fé de Barcelona.

As pneumatografias são obtidas por evocação direta e prece ou, mais comumente, de forma não espontânea. Aparecem em diferentes locais:

> [...] em igrejas, sobre os túmulos, no pedestal de estátuas e em retratos de pessoas evocadas. Evidentemente, o local não exerce a menor influência sobre o fenômeno, a não ser facultar maior recolhimento espiritual e maior concentração dos pensamentos [...] (it. 148).

Não é necessário disponibilizar aos Espíritos comunicantes lápis ou outro instrumento de escrita, pois eles utilizam os meios e substâncias próprios para escrever as mensagens.

> Para escrever dessa maneira, o Espírito não se serve das nossas substâncias nem dos nossos instrumentos. Ele próprio fabrica a matéria e os instrumentos de que precisa, tirando os seus materiais do elemento primitivo universal [Fluido Cósmico Universal] e fazendo-os sofrer, pela ação da sua vontade, as modificações necessárias à produção do efeito desejado (it. 148).

A escrita direta comprova a existência e sobrevivência do Espírito, e a sua identidade, pois a mensagem pode ser escrita com a caligrafia que o Espírito tinha quando encarnado. As mensagens podem apresentar clareza de linguagem ou serem ininteligíveis, como se fosse um hieroglífico. Pode ser escrita em qualquer língua, inclusive em línguas mortas, como o latim (it. 149).

O fenômeno de voz direta, ou pneumatofonia, é também muito conhecido da história humana. A título de exemplo, citamos duas manifestações registradas no *Velho* e no *Novo Testamento*: a) *Êxodo*, (20:18 e 21) — "[...] todo o povo, vendo os trovões e os relâmpagos, o som da trombeta e a montanha fumegante, teve medo e ficou longe. [...] Moisés aproximou-se da nuvem escura, onde Deus estava, e Deus disse a Moisés [...]"; b) *Apocalipse* (1:10 a 11) — "No dia do Senhor fui movido pelo Espírito e ouvi atrás de mim uma voz forte, como trombeta, ordenando: 'escreve o que vês num livro e envia-o às sete Igrejas: a Éfeso, Esmirna, Pérgamo, Tiatira, Sardes, Filadélfia e Laodiceia'".

As manifestações pneumatofônicas, assim como as pneumatográficas, são provenientes de diferentes categorias de Espíritos, "[...] podemos supor que alguns deles, de ordem inferior, se iludem e julgam falar [escrever] como quando viviam[85] (it. 150).

Kardec pondera que

---

[85] Veja-se a *Revista Espírita*, fevereiro de 1858: História do fantasma da Srta. Clairon.

[...] devemos, entretanto, ser cautelosos para não tomar por vozes ocultas todos os sons que não tenham causa conhecida, [como] os zumbidos comuns [...]. Aliás, esses zunidos [no ouvido], cuja causa é puramente fisiológica, não têm nenhum significado, ao passo que os sons pneumatofônicos exprimem pensamentos, o que nos faz reconhecer que são devidos a uma causa inteligente, e não acidental (it. 150).

É relativamente usual escutarmos sons pneumatofônicos "[...] quando nos achamos meio adormecidos, palavras, nomes, às vezes frases inteiras, ditas com tal intensidade que despertamos sobressaltados" (it. 151).

Os sons espirituais ou pneumatofônicos se produzem de duas maneiras bem distintas. Às vezes, é uma voz interior que repercute no nosso foro íntimo; embora sejam claras e distintas, as palavras nada têm de material. Outras vezes, são exteriores e nitidamente articuladas, como se procedessem de uma pessoa que estivesse ao nosso lado (it. 151).

CAPÍTULO 13: PSICOGRAFIA

O estudo da transmissão mediúnica pela escrita abrange os dois capítulos anteriormente estudados ("Sematogia e tiptologia", "Pneumatografia ou Escrita direta"), o capítulo atual, o próximo e, sobretudo, o décimo quarto. A evolução histórica da mediunidade psicográfica nos fornece uma dimensão do trabalho desenvolvido pelos Espíritos, comprovando que os Espíritos continuavam vivos, porém em outra dimensão da vida. Entende-se, portanto, a admiração que Allan Kardec tinha por esse gênero de mediunidade, que constituiu a base da transmissão dos ensinamentos espíritas da Codificação.

No capítulo 13, o Codificador analisa instrumentos que foram utilizados para viabilizar a transmissão da mensagem dos Espíritos pela escrita, antes de passarem a impulsionar diretamente a mão do médium. Assim, Kardec denomina psicografia indireta o gênero de comunicação pela qual o Espírito fazia uso de um instrumento que não fosse a mão do médium. De psicografia direta ou manual, à escrita mediúnica que se servia da mão do médium (it. 157).

Veremos, com o avanço do nosso aprendizado, que a psicografia apresenta sutilezas que somente um estudo sério e detalhado pode oferecer uma visão mais abrangente, pois nos parece que os Espíritos têm interesse de nos revelar não só a sua existência e sobrevivência à morte do corpo, mas também transmitir informações do mundo onde vivem, valendo-se de meios (instrumentos, recursos) cada vez mais aperfeiçoados:

> Alguns anos apenas nos separam da época em que se empregavam esses meios primitivos e incompletos, a que trivialmente se dava o nome de "mesas falantes", e já podemos nos comunicar com os Espíritos tão fácil e rapidamente, como fazem os homens entre si, e pelos mesmos meios: a escrita e a palavra (it. 152).

Na psicografia indireta, os Espíritos comunicantes e os encarnados empregaram "[...] pranchetas e cestas munidas de lápis [...]" (it. 152). Kardec esclarece, ainda, que as cestas, às vezes, eram substituídas por

> [...] uma espécie de mesa em miniatura, feita de propósito, de 12 a 15 centímetros de comprimento, por cinco a seis de altura, com três pés, a um dos quais se adapta um lápis. Os dois outros são arredondados ou munidos de uma bolinha de marfim, para deslizar mais facilmente sobre o papel. Outros utilizam simplesmente de uma *prancheta*, de 15 a 20 centímetros quadrados, triangular, retangular ou oval. Num dos bordos há um furo *oblíquo* para se introduzir o lápis (it. 156).

A Tábua Ouija deriva-se das pranchetas, sendo muito utilizada, ainda hoje, pelos "ledores de sorte".

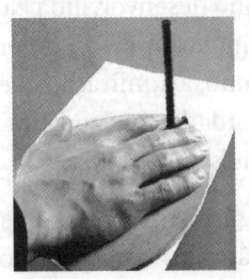

Podemos dizer que os instrumentos utilizados para a escrita mediúnica passaram por fases específicas, após o advento das mesas girantes:

» *Mesa Girardin:* representa uma fase intermediária entre as mesas girantes propriamente ditas e a prancheta e as cestinhas. A mesa girardin, introduzida por Delphine de Girardin (1804–1855) — conhecida médium e poetisa francesa —, era uma "[...] mesa com um alfabeto em quadrante, no qual um ponteiro designava por si mesmo a letra [...]".[86]

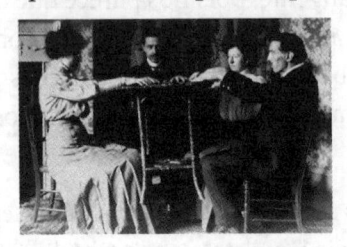

---

[86] WANTUIL, Zêus. *As mesas girantes e o espiritismo*. 5. ed. Rio de Janeiro: FEB. 2007. cap. 16, p. 144. Em *O livro dos médiuns*, no capítulo Dissertações Espíritas, há uma mensagem do Espírito Delphine de Girardin, bem como em *O evangelho segundo o espiritismo*, cap. V, item 24, intitulada A desgraça real.

» *Cestinhas (pião e de bico):* apresentavam formatos semelhantes, mas diferentes tipos de material na fabricação (madeira, vime, papelão); substituindo o papel para a escrita — comum na cesta-pião — por placa de ardósia na cesta de bico. Consistiam de

> [...] uma cestinha de 15 a 20 centímetros de diâmetro [...]. Se fizermos passar um lápis pelo fundo dessa cesta e o prendermos bem, com a ponta de fora e para baixo; se mantivermos o aparato assim formado em equilíbrio sobre a ponta do lápis, apoiado este sobre uma folha de papel, e colocarmos os dedos nas bordas da cesta, ela se porá em movimento [...] (it. 153).

A maior desvantagem no uso dessa cesta é que a escrita se desenvolve em círculos, pois, informa Kardec,

> [...] o lápis não volta ao ponto de partida para começar outra linha, quando chega à extremidade do papel; continua a mover-se circularmente, de sorte que a linha escrita forma uma espiral, o que nos obriga a girar o papel várias vezes para lermos o que está grafado. A escrita assim obtida nem sempre é muito legível [...] (it. 153).

Para o uso da *cesta-pião*, "às vezes, em lugar da cesta, emprega-se uma caixa de papelão muito semelhante às usadas para acondicionar doces; o lápis forma o seu eixo, como no brinquedo chamado *pião*" (it. 153). Essa cesta se revelou mais cômoda, sobretudo quando adaptou-se

> [...] à cesta uma haste inclinada, de madeira, em posição semelhante à dos mastros que, num veleiro, se lançam do bico da proa para frente. Por um buraco aberto na extremidade dessa haste, ou bico, passa-se um lápis bastante comprido para que a sua ponta assente no papel. Quando o médium põe os dedos sobre a borda da cesta, o aparelho todo se agita e o lápis escreve, [...] porém com a diferença de que, em geral, a escrita é mais legível e as palavras são separadas, formando linhas paralelas, como na escrita comum, e não mais em espiral [...] (it. 154).

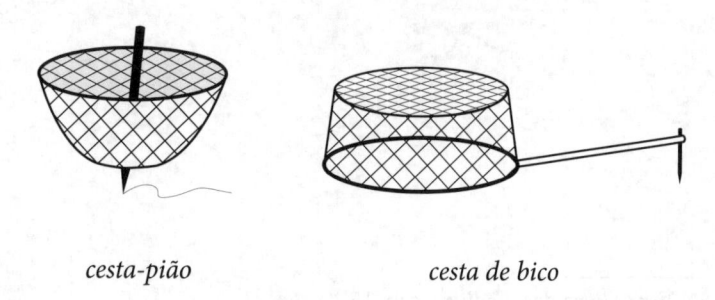

cesta-pião   *cesta de bico*

Na psicografia direta, utiliza-se a mão do médium como instrumento. "O Espírito comunicante atua sobre o médium que, debaixo dessa influência, move *maquinalmente* o braço e a mão para escrever, sem ter — pelo menos é o caso mais comum — a menor consciência do que escreve" (it. 157). Esse tipo de escrita ficaria conhecia como *psicografia mecânica*.[87] "De todos os meios de comunicação, a *escrita manual*, que alguns denominam *escrita involuntária*, é, indubitavelmente, a mais simples, a mais fácil e a mais cômoda, porque não exige nenhum preparativo e se presta, como a escrita comum, às mais extensas dissertações [...]", analisa o Codificador (it. 157). Acrescentando como conclusão: "O que importa que se conheça não é o instrumento, mas a maneira como são obtidas as comunicações. Se a comunicação vem por meio da escrita, seja qual for o suporte do lápis, o que há, para nós, é *psicografia*; se chega por meio de pancadas, é *tiptologia*" (it. 158).

---

87 Ver *O livro dos médiuns*, cap. 15.

CAPÍTULO 14: MÉDIUNS

Partindo do princípio de que a faculdade mediúnica faz parte do psiquismo humano, Allan Kardec conceitua médium como

> [...] toda pessoa que sente, num grau qualquer, a influência dos Espíritos. Essa faculdade é inerente ao homem e, por conseguinte, não constitui um privilégio exclusivo. [...] Pode-se, pois, dizer que todos são mais ou menos médiuns. Usualmente, porém, essa qualificação só se aplica àqueles em quem a faculdade se mostra bem caracterizada e se traduz por efeitos patentes, de certa intensidade, o que depende de uma organização mais ou menos sensitiva (it. 159).

Nessas condições, o corpo físico do médium foi moldado pelo perispírito para apresentar sensibilidade apropriada e relacionada ao tipo (ou tipos) de mediunidade programada para a pessoa durante a reencarnação.

Kardec classifica os médiuns segundo os efeitos por eles intermediados: médiuns de efeitos físicos — "[...] são particularmente aptos a produzir fenômenos materiais, como os movimentos dos corpos inertes, os ruídos etc. [...]" (it. 160) — e médiuns de efeitos intelectuais — "os que são mais aptos a receber e transmitir comunicações inteligentes" (it. 187), que requisitam, portanto, maior elaboração mental na captação e na transmissão da mensagem do Espírito comunicante.

Os médiuns de efeitos físicos podem ser divididos em facultativos e involuntários.

> Os *médiuns facultativos* têm consciência do seu poder [da sua faculdade] e produzem fenômenos espíritas por ato da própria vontade. Embora inerente à espécie humana [...] semelhante faculdade está longe de existir em todos com a mesma intensidade. Porém, se são poucas as pessoas em quem ela seja absolutamente nula, mais raras ainda são as que produzem os grandes efeitos [...]. Os efeitos mais

simples são a rotação de um objeto, pancadas [...] (it. 160). Os *médiuns involuntários ou naturais* são aqueles cuja influência se exerce à revelia deles. Não têm consciência alguma do poder que possuem [...] (it. 161).

Os médiuns, independentemente do tipo e grau de manifestação da faculdade, jamais devem forçar o desenvolvimento da sua faculdade, especialmente utilizando meios extravagantes e desarmônicos, como torturas ou privações físicas e psíquicas, ingestão de chás (como acontece em algumas seitas) ou substâncias psicotrópicas etc. É melhor "[...] deixar que o fenômeno siga o seu curso natural: a Natureza é mais prudente do que os homens" (it. 162).

Em geral, os Espíritos que se dedicam à produção de efeitos banais de natureza física (ruídos, pancadas etc.) são de ordem inferior. Tais Espíritos podem ser adequadamente orientados por Entidades esclarecidas e benevolentes e/ou pelo comportamento do médium que lhes impõe ascensão moral (it. 162).

Entre os efeitos físicos, Kardec destaca os indivíduos denominados "pessoas elétricas". Essas pessoas têm "[...] certa dose de eletricidade natural, verdadeiros *torpedos humanos*, a produzirem, por simples contato, todos os efeitos de atração e repulsão [...]" (it. 163). Ou seja, ao contato com pessoas e objetos, produzem choque elétrico com ou sem faíscas. Mas não são médiuns, verdadeiramente, pois não há um Espírito comunicante. Trata-se de uma característica anímica.

1 Médiuns sensitivos ou impressionáveis

Assim são denominadas as pessoas capazes de sentir a presença dos Espíritos por meio de uma vaga impressão, uma espécie de leve atrito, de discreto arrepio [...]. Todos os médiuns são necessariamente impressionáveis, de forma que a impressionabilidade é mais uma qualidade geral do que especial: é a faculdade rudimentar indispensável ao desenvolvimento de todas as outras. [...] Esta faculdade se desenvolve pelo hábito e pode adquirir tal sutileza que aquele que a possui reconhece, pela impressão que experimenta, não só a natureza boa ou má do Espírito que está ao seu lado, mas até a sua individualidade [...] (it. 164).

2 Médiuns audientes

São os que ouvem a voz dos Espíritos. [...] trata-se de uma voz interior que se faz ouvir no foro íntimo das pessoas. De outras vezes é uma voz exterior, clara e distinta, qual a de uma pessoa viva [encarnada]. Os médiuns audientes podem, assim, conversar com os Espíritos. [...] Esta faculdade é muito agradável, quando o médium só ouve Espíritos bons, ou somente aqueles por quem chama. Entretanto, o quadro muda por completo quando um Espírito mau se agarra a ele, fazendo-lhe ouvir a cada minuto as coisas mais desagradáveis e, não raro, as mais inconvenientes (it. 165).

3 Médiuns falantes (psicofônicos)

Neles o Espírito atua sobre os órgãos da palavra, como atua sobre a mão dos médiuns escreventes. [...] O médium falante geralmente se exprime sem ter consciência do que diz e muitas vezes diz coisas completamente estranhas às suas ideias habituais, aos seus conhecimentos e, até mesmo, fora do alcance de sua inteligência. Embora se ache perfeitamente acordado e em estado normal, raramente se lembra do que disse. [...] Nem sempre, porém, a passividade do médium falante é tão completa assim. Alguns têm intuição do que dizem, no momento exato em que pronunciam as palavras (it. 166).[88]

4 Médiuns videntes

[...] são dotados da faculdade de ver os Espíritos. Alguns gozam dessa faculdade em estado normal, quando perfeitamente acordados, e conservam a lembrança precisa do que viram. Outros só a possuem em estado sonambúlico, ou próximo do sonambulismo. É raro que esta faculdade seja permanente [...]. Podemos incluir, na categoria dos médiuns videntes, todas as pessoas dotadas de dupla vista. A possibilidade de ver os Espíritos quando sonhamos não deixa de ser uma

---

88 Atualmente, o médium psicofônico intuitivo é o mais comum.

espécie de mediunidade, mas não constitui, propriamente falando, mediunidade de vidência.

O médium vidente julga ver com os olhos físicos, como os que são dotados de dupla vista, mas, na realidade, é a alma quem vê, razão pela qual eles tanto veem com os olhos fechados, como com os olhos abertos (it. 167).

A vidência é considerada acidental quando a pessoa, que jamais viu Espíritos, passa a ver aparições em momentos específicos, tais como: doença, crise emocional, na proximidade da desencarnação etc. Difere da vidência espontânea, a que ocorre usualmente nos médiuns videntes. Mesmo entre estes, a gradação da vidência é muito variável: há médiuns que só veem Espíritos nas reuniões mediúnicas ou os que são evocados. Outros veem não só Espíritos, mas detalhes do mundo espiritual (it. 168).[89]

> A faculdade de ver os Espíritos pode, sem dúvida, desenvolver-se, mas é uma daquelas cujo desenvolvimento deve processar-se naturalmente, e não provocado, caso não se queira ser joguete da própria imaginação. Quando o gérmen de uma faculdade existe, ela se manifesta por si mesma (it. 171).

5 Médiuns sonambúlicos

São os que, sob transe profundo, transmitem comunicações dos Espíritos. O indivíduo considerado sonâmbulo não é, propriamente, médium no sentido estrito da palavra. O sonâmbulo tem a faculdade anímica de sair do corpo ("desdobrar-se"), presenciar acontecimentos e/ou identificar pessoas em ambos os planos da vida.

O sonâmbulo age sob a influência do seu próprio Espírito; é sua alma que, nos momentos de emancipação, vê, ouve e percebe, fora dos limites dos sentidos. [...] O médium, ao contrário, é instrumento de uma inteligência estranha [proveniente de outra dimensão, a espiritual]; é passivo, e o que diz não vem dele. Em resumo, o sonâmbulo

---

[89] Os itens 169 e 170 são exemplos ilustrativos da vidência de Espíritos, selecionados pelo codificador. Recomendamos a leitura.

exprime o seu próprio pensamento, ao passo que o médium expressa o pensamento de outrem (it. 172).[90]

Importa destacar que

> A lucidez sonambúlica é uma faculdade que depende do organismo e que nada tem a ver com a elevação, o adiantamento e mesmo o estado moral do indivíduo. Pode, pois, um sonâmbulo ser muito lúcido e ao mesmo tempo incapaz de resolver certas questões, se o seu Espírito for pouco adiantado (it. 174).

6 Médiuns curadores

> [...] este gênero de mediunidade consiste principalmente no dom que possuem certas pessoas de curar pelo simples toque, pelo olhar, mesmo por um gesto, sem o concurso de qualquer medicação. Certamente dirão que se trata simplesmente de magnetismo. Evidentemente, o fluido magnético desempenha aí importante papel; porém, quando se examina o fenômeno com cuidado, facilmente se reconhece que há mais alguma coisa (it. 175).

Os fluidos magnéticos dos médiuns curadores são associados aos fluidos dos Espíritos, produzindo uma substância mista (magnético-espiritual), que intensificam o processo de cura. Assim,

> A intervenção de uma potência oculta [Espírito], que caracteriza a mediunidade, torna-se evidente em certas circunstâncias, sobretudo se considerarmos que a maioria das pessoas que podem ser qualificadas de médiuns curadores recorre à prece (it. 175).

O item 176 apresenta nove perguntas e respectivas respostas relacionadas aos médiuns de cura e ao processo de cura. Recomendamos a leitura atenta e reflexiva. Em síntese, podemos dizer:

a) A força magnética — também chamada animalizada ou de fluido vital —, que reside no ser humano, é ampliada pela ação dos Espíritos;

---

[90] Recomendamos a leitura do item 173 de *O livro dos médiuns*, que traz o exemplo de um jovem que era sonâmbulo e também médium sonambúlico.

b) Os magnetizadores, mesmo sem saber, são auxiliados por bons Espíritos;

c) Há ação pura e simples do magnetismo, mas há também a ação conjugada do magnetismo animal do homem encarnado com o magnetismo espiritual, oriundo dos desencarnados;

d) Prece é também um agente de cura. A eficácia da prece não está na fórmula, nas palavras pronunciadas, mas na fé de quem ora e de quem a recebe. Muitas pessoas não são curadas porque a enfermidade faz parte do seu quadro de provação. Mesmo assim, o seu sofrimento é amenizado.

7 Médiuns pneumatógrafos

[...] têm aptidão para obter a escrita direta, o que não é possível a todos os médiuns escreventes. Por enquanto, essa faculdade é muito rara. Provavelmente se desenvolve pelo exercício [...]. Só a experiência é capaz de revelar se alguém a possui. [...] Conforme seja maior ou menor o poder do médium, obtêm-se simples traços, sinais, letras, palavras, frases e mesmo páginas inteiras. Geralmente, basta colocar uma folha de papel dobrada num lugar qualquer, ou indicado pelo Espírito, durante dez minutos, ou um quarto de hora, às vezes mais. A prece e o recolhimento são condições essenciais; é por isso que se pode considerar impossível a obtenção da escrita direta, numa reunião de pessoas pouco sérias, ou que não estejam animadas de sentimentos de simpatia e benevolência (it. 177).

> Em *O livro dos espíritos*, segunda parte, questões 400 a 455, temos informações fundamentais sobre a emancipação da alma (sonho, sonambulismo, dupla vista etc.). Em *A gênese*, capítulo 14, item "Qualidade dos Fluidos", e capítulo 14, item "Curas", há informações detalhadas relacionadas aos assuntos estudados a partir do item 175 de *O livro dos médiuns*. Em *O evangelho segundo o espiritismo*, capítulo 27, consta esclarecimentos sobre prece. Todos esses assuntos merecem ser lidos.

CAPÍTULO 15: MÉDIUNS ESCREVENTES OU PSICÓGRAFOS

Estudaremos neste capítulo as principais formas em que ocorrem as psicografias, baseando-nos na orientação de Allan Kardec:

> De todos os meios de comunicação, a escrita manual é o mais simples, mais cômodo e, sobretudo, mais completo. [...] Deve ser estimulado com insistência, pois é por esse meio que os Espíritos revelam melhor a sua natureza e o grau de perfeição ou de inferioridade que os caracterizam. Pela facilidade com que podem exprimir-se, eles nos revelam seus mais íntimos pensamentos e nos facultam apreciá-los em seu justo valor. Além disso, entre as faculdades mediúnicas, a de escrever é a mais suscetível de ser desenvolvida pelo exercício (it. 178).

1 Médiuns psicógrafos mecânicos

> [...] o Espírito atua diretamente sobre a mão do médium, ele lhe dá uma impulsão completamente independente da vontade deste último. Enquanto o Espírito tiver alguma coisa a dizer, a mão se move sem interrupção e à revelia do médium, parando somente quando o ditado termina (it. 179).

Caracterizando a psicografia, propriamente dita, "[...] o Espírito pode, pois, exprimir diretamente suas ideias, quer movimentando um objeto a que a mão do médium serve de simples ponto de apoio, quer acionando a própria mão" (it. 179).

> Nesta circunstância, o que caracteriza o fenômeno é que o médium não tem a menor consciência do que escreve. Essa inconsciência absoluta

é peculiar aos chamados *médiuns passivos* ou *mecânicos*. Trata-se de faculdade preciosa, por não permitir dúvida alguma sobre a independência do pensamento daquele que escreve (it. 179).

2 Médiuns psicógrafos intuitivos

A transmissão do pensamento também se dá por meio do Espírito do médium, ou melhor, de sua alma, já que designamos por esse nome o Espírito encarnado. O Espírito comunicante não atua sobre a mão para fazê-la escrever; não a toma, nem a guia. *Atua sobre a alma, com a qual se identifica*. A alma do médium, sob esse impulso, dirige sua mão e a mão dirige o lápis. [...] é ela quem recebe o pensamento do Espírito comunicante e o transmite. Nessa situação, *o médium tem consciência do que escreve, embora não exprima o seu próprio pensamento* [...] (it.180, grifos nossos).

Entre os médiuns psicógrafos intuitivos, há uma variedade denominada médiuns inspirados ou involuntários. São médiuns que, pela escrita, recebem comunicações dos Espíritos, independentemente de estarem em transe (ou êxtase, como fala Kardec). Em geral, tais comunicações diferem das ideias usuais do médium, fato que indica a ação de uma inteligência extracorpórea.

[...] com a diferença de que a intervenção de uma força oculta é aí muito menos sensível, porque é ainda mais difícil de se distinguir, no inspirado, o pensamento próprio daquele que lhe é sugerido. O que caracteriza este último gênero [de mediunidade] é, sobretudo, a espontaneidade (it. 182).

Somente com a experiência e a prática contínua é que o *médium psicógrafo intuitivo inspirado* aprende a discernir o que é próprio e o que é dos Espíritos comunicantes.

Contudo, importa considerar que a inspiração pode ser boa ou má, dependendo do tipo de influência, para o bem ou para o mal, que os Espíritos possam nos fazer perceber. É a forma mais comum dos Benfeitores agirem, pois tendo o cuidado de respeitar o nosso livre-arbítrio, inspirando-nos boas resoluções que se aplicam a todas as decisões que devemos tomar (it. 182).

A inspiração acontece também na forma de "lampejos de lucidez", chamados *insights*, que acontecem em pessoas que não são dotadas de inteligência fora do comum e não saem do seu estado normal, isto é, sem ficarem em transe (it. 182). Mas a inspiração não acontece somente para revelar grandes coisas ou feitos, ocorre corriqueiramente, no dia a dia, pois sempre contamos com a presença de um bom Espírito que nos auxilia caminhar com mais segurança na reencarnação (it. 183 e 182).

Os homens de gênio, os artistas, literatos são, em geral, médiuns de inspiração. Nos momentos de inspiração, eles "têm a alma mais livre e como que desprendida da matéria; [assim] a alma recobra parcialmente as suas faculdades de Espírito e recebe mais facilmente as comunicações de outros Espíritos que a inspiram" (it. 183).

Nessa situação, percebe-se que o médium de inspiração já revela possuir uma base de conhecimento que facilita a ação dos Espíritos. É dessa forma que cientistas e artistas têm *insights* e criam/realizam obras excepcionais (it. 183).

> O papel do médium mecânico é o de uma máquina; o médium intuitivo age como faria um intérprete. Este, de fato, para transmitir o pensamento, precisa compreendê-lo e, de certo modo, apropriar-se dele, para traduzi-lo fielmente. Entretanto, esse pensamento não é seu, apenas lhe atravessa o cérebro. É exatamente este o papel do médium intuitivo (it. 180).

3 Médiuns psicógrafos semimecânicos

> No médium puramente mecânico, o movimento da mão independe da vontade; no médium intuitivo, o movimento é voluntário e facultativo. O médium semimecânico participa de ambos esses gêneros. Sente que sua mão é impulsionada contra sua vontade, mas, ao mesmo tempo, tem consciência do que escreve, à medida que as palavras se formam. No primeiro, o pensamento vem depois do ato da escrita; no segundo, antes da escrita; no terceiro, ao mesmo tempo que a escrita. Estes últimos médiuns são os mais numerosos (it. 181).

4 Médiuns psicógrafos de pressentimentos

O pressentimento é uma vaga intuição das coisas futuras. Algumas pessoas têm essa faculdade mais ou menos desenvolvida. Pode ser devida a uma espécie de dupla vista, que lhes permite entrever as consequências das coisas atuais e o desenrolar natural dos acontecimentos (it. 184).

Mas, muitas vezes, também é resultado de comunicações ocultas, e é principalmente neste caso que se pode dar aos que dela são dotados o nome de *médiuns de pressentimentos*, que constituem uma variedade dos *médiuns inspirados* (it. 184).

Fica claro, entretanto, que a inspiração e o pressentimento não são exclusivos da psicografia. Podem ocorrer em outros tipos de mediunidade, como a falante, a audiente, a vidência etc.

CAPÍTULO 16: MÉDIUNS ESPECIAIS (1)

Allan Kardec informa que, além dos médiuns mais comuns — de efeitos físicos e intelectuais, como os de psicografia, psicofonia e de vidência —, "[...] a mediunidade apresenta uma variedade infinita de nuanças, que constituem os chamados médiuns especiais, dotados de aptidões particulares, ainda não definidas, salvo as qualidades e conhecimentos do Espírito que se manifesta" (it. 185). Considera, igualmente, que "a natureza das comunicações guarda sempre relação com a natureza do Espírito e traz a marca da sua elevação ou da sua inferioridade, de seu saber ou de sua ignorância" (it. 185).

Nessas condições,

> Os Espíritos batedores, por exemplo, raramente se afastam das manifestações físicas e, entre os que dão comunicações inteligentes, há Espíritos poetas, músicos, desenhistas, moralistas, sábios, médicos etc. Referimo-nos aos Espíritos de mediana categoria, pois as aptidões se confundem na unidade da perfeição, quando eles atingem certo grau de elevação. Mas, ao lado da aptidão do Espírito, existe a do médium, que é, para o primeiro, instrumento mais ou menos cômodo, mais ou menos flexível e no qual ele descobre qualidades particulares que não podemos apreciar (it. 185).

Percebe-se, então, que a qualidade da mensagem depende tanto das ideias do Espírito comunicante quanto das do médium. Os médiuns que têm mais conhecimentos ou são mais moralizados servem de instrumentos a Espíritos mais adiantados.

Por outro lado, outra condição soma-se à questão das aptidões, dos Espíritos e/ou dos médiuns:

> [...] os Espíritos que se comunicam dão preferência a tal ou qual médium, de acordo com as suas *simpatias* [ou afinidades]. Assim, em igualdade de condições, o mesmo Espírito será muito mais explícito com certos médiuns, apenas porque estes lhe convêm mais (it. 185, grifo nosso).

Outro ponto muito importante também está relacionado ao fato de que não basta ter um bom médium para obter comunicações de todos os gêneros.

> A primeira condição, sem dúvida, é nos certificarmos da fonte de onde elas procedem, isto é, das qualidades do Espírito que as transmite. Porém, não é menos indispensável ter em vista as qualidades do instrumento oferecido ao Espírito. Precisamos, portanto, estudar a natureza do médium, como estudamos a do Espírito, porque são esses os dois elementos essenciais para a obtenção de um resultado satisfatório. Existe ainda um terceiro elemento, que desempenha papel igualmente importante: é a intenção, o pensamento íntimo, o sentimento mais ou menos louvável de quem interroga, e isso é fácil de compreender [...] (it. 186).

Assim, "[...] para que uma comunicação seja boa, é preciso que proceda de um Espírito bom; para que esse Espírito bom *possa* transmiti-la, é indispensável que disponha de um bom instrumento; para que ele *queira* transmiti-la, é necessário que o fim visado lhe convenha" (it. 186).

Do item 187 ao 197, o Codificador apresenta uma classificação dos diferentes tipos de médiuns, segundo os efeitos que eles intermedeiam: de efeitos físicos — "os que têm o poder de provocar efeitos materiais [...]" — e os médiuns de efeitos intelectuais — "os que são mais aptos a receber e a transmitir comunicações inteligentes [...]" (it. 187). Apresentamos, em seguida, brevíssimo resumo, mas sugerimos que se faça leitura completa em *O livro dos médiuns*.

1 Espécies comuns a todos os gêneros de mediunidade (it. 188)

Médiuns sensitivos – "Pessoas que são capazes de sentir a presença dos Espíritos, por uma impressão geral ou local, vaga ou material. A maioria delas distingue os bons Espíritos dos maus pela natureza da impressão."

Médiuns naturais ou inconscientes – "Os que produzem os fenômenos espontaneamente, sem nenhuma participação da própria vontade e, na maioria das vezes, à sua revelia."

Médiuns facultativos ou voluntários – "Os que têm o poder de provocar os fenômenos por ato da própria vontade", isto é, permitem que os Espíritos comuniquem por seu intermédio.

2 Variedades especiais para efeitos físicos (it. 189)

Médiuns tiptólogos – "Aqueles sob cuja influência se produzem os ruídos e as pancadas. Variedade muito comum [...]."

Médiuns motores – "Os que produzem o movimento dos corpos inertes. Muito comuns."

Médiuns de translações e de suspensões – "Os que produzem a translação aérea e a suspensão dos corpos inertes no espaço, sem ponto de apoio. Entre eles há os que podem elevar-se a si mesmos [levitação]. [...] raríssimos, no último caso."

Médiuns de efeitos musicais – "Os que provocam a execução de composições musicais, sem qualquer contato com os instrumentos. Muito raros."

Médiuns de aparições – "Os que podem provocar aparições fluídicas ou tangíveis, visíveis para os assistentes. Excepcionais."

Médiuns de transporte – "Os que podem servir de auxiliares aos Espíritos para o transporte de objetos materiais. Variedade de médiuns motores e de translações. Excepcionais."

Médiuns noturnos – "Os que só obtêm certos efeitos físicos na obscuridade."

Médiuns pneumatógrafos – "Os que obtêm a escrita direta. Fenômeno muito raro e, sobretudo, muito fácil de ser imitado pelos trapaceiros."

Médiuns curadores – "Os que têm o poder de curar ou de aliviar o doente, tão só pela imposição das mãos, ou pela prece."

Essa faculdade não é essencialmente mediúnica. Todos os verdadeiros crentes a possuem sejam médiuns ou não. Na maioria das vezes, é apenas uma exaltação do poder magnético, fortalecido, se necessário, pelo concurso de Espíritos bons (it. 189).

Médiuns excitadores – "Os que têm o poder de desenvolver nos outros, por influência própria, a faculdade de escrever. É mais um efeito magnético do que um caso de mediunidade propriamente dita [...]."

3 Médiuns especiais para efeitos intelectuais. Aptidões diversas (it. 190)

Médiuns audientes – "Os que ouvem os Espíritos. Muito comuns."

Médiuns falantes – "Os que falam sob a influência dos Espíritos. Muito comuns."

Médiuns videntes – "Os que veem os Espíritos, em estado de vigília. A visão acidental e inesperada de um Espírito, numa circunstância particular, é muito frequente; mas, a visão habitual ou facultativa dos Espíritos, sem qualquer distinção, é excepcional."

Médiuns inspirados – "São aqueles cujos pensamentos são sugeridos pelos Espíritos à revelia do medianeiro, seja com relação aos atos comuns da vida, seja os que dizem respeito aos grandes trabalhos da inteligência."

Médiuns de pressentimentos – "Pessoas que, em certas circunstâncias, têm uma vaga intuição de coisas vulgares que ocorrerão no futuro."

Médiuns proféticos – "Variedade dos médiuns inspirados, ou de pressentimentos. Recebem, com a permissão de Deus e com mais exatidão do que os médiuns de pressentimentos, a revelação das coisas futuras de interesse geral." Exemplo: os profetas do *Velho Testamento*. Mas é importante lembrar que: "Se há profetas verdadeiros, há também os falsos, muito mais numerosos [...]."

Médiuns sonâmbulos – "Os que, em estado de sonambulismo, são assistidos por Espíritos."

Médiuns extáticos – "Os que, em estado de êxtase, recebem revelações da parte dos Espíritos. Atenção: "Muitos extáticos são joguetes da própria imaginação e de Espíritos enganadores que se aproveitam da exaltação deles. São raríssimos os que merecem inteira confiança" (it. 190).[91]

Médiuns pintores ou desenhistas – "São os que pintam ou desenham sob a influência dos Espíritos." Atenção: "Os Espíritos levianos são imitadores."

Médiuns músicos – "Os que executam, compõem ou escrevem músicas, sob a influência dos Espíritos." Podem ser mecânicos, semimecânicos, intuitivos e inspirados.

4 Médiuns especiais (2)

Na segunda parte do capítulo 16, o estudo abrange os itens 191 ao 193. A despeito de Kardec ter mantido o foco nos médiuns escreventes, observamos que muitas variedades da faculdade mediúnica se aplicam a outros tipos de médiuns, sobretudo os psicofônicos.

5 Variedade dos médiuns escreventes (it. 191)

5.1 Segundo o modo de execução (it. 191)

Médiuns escreventes ou psicógrafos – "Os que têm a faculdade de escrever por si mesmos sob a influência dos Espíritos."

Médiuns escreventes mecânicos – "Aqueles cuja mão recebe um impulso involuntário e que não têm a menor consciência do que escrevem. Raríssimos."

Médiuns semimecânicos – "Aqueles cuja mão se move involuntariamente, mas têm, instantaneamente, consciência das palavras ou das frases, à medida que escrevem. São os mais comuns [...]."

Médiuns intuitivos – "Aqueles com quem os Espíritos se comunicam pelo pensamento e cuja mão é conduzida voluntariamente. Diferem dos médiuns inspirados em virtude de estes últimos não precisarem

---

91 Ler *O livro dos espíritos*, segunda parte, capítulo 8, o significado de êxtase e de outros fenômenos de emancipação da alma.

escrever, ao passo que o médium intuitivo escreve o pensamento que lhe é sugerido instantaneamente, sobre um assunto determinado e provocado." São muito comuns, mas também muito sujeitos a erro, porque nem sempre conseguem discernir o que provém dos Espíritos do que procede deles mesmos.

Médiuns polígrafos – "Aqueles cuja escrita muda com o Espírito que se comunica, ou aptos a reproduzir a escrita que o Espírito tinha em vida. O primeiro caso é muito comum; o segundo, o da identidade da escrita, é mais raro."

Médiuns poliglotas – "Os que têm a faculdade de falar ou escrever em línguas que lhes são desconhecidas. Muito raros."

Médiuns iletrados – "Os que escrevem, como médiuns, sem saberem ler, nem escrever, no seu estado habitual. Mais raros que os precedentes. Há maior dificuldade material a vencer."

5.2 Segundo o desenvolvimento da faculdade (it. 192)

Médiuns novatos – "Aqueles cujas faculdades não estão ainda completamente desenvolvidas e não possuem a experiência necessária."

Médiuns improdutivos – "Os que só conseguem obter coisas insignificantes, monossílabos, traços ou letras incoerentes."

Médiuns feitos ou formados – "Aqueles cujas faculdades mediúnicas estão completamente desenvolvidas, transmitindo as comunicações que recebem com facilidade e presteza, sem hesitação. Compreende-se que este resultado só pode ser conseguido pelo hábito [...]."

Médiuns lacônicos – "Aqueles cujas manifestações, embora recebidas com facilidade, são breves e sem desenvolvimento."

Médiuns explícitos – "As comunicações que recebem têm toda a amplitude e toda a extensão que se pode esperar de um escritor consumado."

Médiuns experimentados – "A facilidade de execução é uma questão de hábito, que se adquire em pouco tempo, ao passo que a experiência resulta de um estudo sério de todas as dificuldades que se apresentam na prática do Espiritismo. A experiência dá ao médium o tato necessário para apreciar a natureza dos Espíritos que se manifestam, para julgar suas qualidades boas ou más [...]."

Médiuns maleáveis – "Aqueles cuja faculdade se presta mais facilmente aos diversos gêneros de comunicações e pelos quais todos os Espíritos, ou quase todos, podem manifestar-se, espontaneamente ou por evocação."

Médiuns exclusivos – "Aqueles pelos quais se manifesta de preferência um Espírito, e até mesmo com exclusão de todos os demais, o qual responde pelos outros que são chamados."

> Isso resulta sempre de falta de maleabilidade. Quando o Espírito é bom, pode ligar-se ao médium por simpatia, ou com uma intenção louvável. Quando é mau, tem sempre em vista submeter o médium à sua dependência. É mais um defeito do que uma qualidade e se aproxima bastante da obsessão.

Médiuns de evocações – "Os médiuns maleáveis são naturalmente os mais apropriados para este gênero de comunicação e para responder a questões específicas que se podem propor aos Espíritos. Sob este aspecto, há médiuns especialíssimos." Suas respostas se restringem quase sempre a um campo limitado, incompatível com o desenvolvimento de assuntos mais abrangentes.

Médiuns de ditados espontâneos – "Os que recebem de preferência comunicações espontâneas, isto é, de Espíritos que se apresentam sem ser chamados."

OBSERVAÇÃO: À época de Kardec, como a Codificação ainda estava sendo organizada, o comum era evocar Espíritos, já que as manifestações espontâneas eram corriqueiras. Com o estabelecimento da prática espírita na Casa Espírita, a manifestação espontânea dos Espíritos passou a ser o usual, reservando a evocação para situações muito específicas, uma vez que, nas reuniões mediúnicas, o planejamento para o atendimento aos Espíritos necessitados, em especial, estava a cargo dos orientadores do Mundo Maior.

5.3 Segundo o gênero e a particularidade das comunicações (it. 193)

Médiuns versificadores – "São os que obtêm, mais facilmente do que outros médiuns, comunicações em verso. Muito comuns para versos ruins, e muito raros para versos bons."

Médiuns poéticos – "Embora não recebam comunicações em verso, as mensagens que chegam por intermédio deles têm qualquer coisa de vaporoso, de sentimental [...]. São, mais do que os outros médiuns, apropriados à expressão de sentimentos ternos e afetuosos. [...] Muito comuns."

Médiuns positivos – "Suas comunicações têm, geralmente, um caráter de nitidez e precisão, que se presta bastante aos detalhes circunstanciados, aos informes exatos. Muito raros."

Médiuns literários – "Não apresentam o que há de impreciso nos médiuns poéticos, nem o terra a terra dos médiuns positivos, mas dissertam com sagacidade. Têm estilo correto, elegante e, frequentemente, de notável eloquência."

Médiuns incorretos – "Podem obter excelentes coisas, pensamentos de elevada moralidade, mas num estilo prolixo, incorreto, cheio de repetições e de termos impróprios. A incorreção material do estilo decorre geralmente da falta de cultura intelectual do médium [...]."

Médiuns historiadores – "Os que revelam aptidão especial para as explanações históricas. Como todas as outras, esta faculdade independe dos conhecimentos do médium [...]. Variedade rara dos médiuns positivos."

Médiuns científicos – "Não dizemos sábios, porque podem ser muito ignorantes. Apesar disso, eles se mostram especialmente aptos para receber comunicações da esfera das ciências."

Médiuns receitistas – "Têm a especialidade de servirem mais facilmente de intérpretes aos Espíritos para as prescrições médicas. Não se deve confundi-los com os médiuns curadores [...]. Muito comuns."

Médiuns religiosos – "Recebem especialmente comunicações de caráter religioso, ou que tratam de questões religiosas, não obstante suas crenças e hábitos."

Médiuns filósofos e moralistas – "As comunicações que recebem têm geralmente por objeto as questões de moral e de alta filosofia. Muito comuns, quanto à moral."

Médiuns de comunicações triviais e obscenas – "Estas palavras indicam o gênero de comunicações que alguns médiuns recebem habitualmente e a natureza dos Espíritos que as transmitem."

6 Médiuns especiais (3)

Na terceira parte do capítulo 16, o estudo abrange os itens 194 ao 199.

6.1 Segundo as qualidades físicas dos médiuns, modo de execução (it. 194)

Médiuns calmos – "Escrevem sempre com certa lentidão e sem experimentar a mais ligeira agitação."

Médiuns velozes – "Escrevem com rapidez maior do que normalmente o fariam em seu estado habitual. [...] Dir-se-ia haver neles uma superabundância de fluido, que lhes permite identificação instantânea com o Espírito. Esta qualidade apresenta, às vezes, o inconveniente de tornar muito difícil a leitura da mensagem [...]. É muito fatigante, porque o médium gasta muito fluido inutilmente."

Médiuns convulsivos – "Ficam num estado de superexcitação quase febril. A mão e algumas vezes todo o corpo se agitam num tremor que não conseguem dominar. A causa [...] depende muito da natureza dos Espíritos que por eles se comunicam. Os Espíritos bons e benevolentes produzem sempre uma impressão suave e agradável [...]."

6.2 Segundo as qualidades morais dos médiuns (it. 195 a 197)

Allan Kardec esclarece, no item 195, que as qualidades morais dos médiuns, fator fundamental para o recebimento de boas mensagens, serão apresentadas sob dois enfoques que, respectivamente, caracterizam os médiuns imperfeitos e os bons médiuns. Devido à sua importância, a influência moral dos médiuns nas comunicações será estudada, especificamente, no capítulo 20. A obsessão, causa que pode pôr a perder o trabalho programado para muitos médiuns, também será objeto de estudo em capítulo especial: o 23.

6.3 Médiuns imperfeitos (it. 196)

Médiuns obsidiados – "Os que não podem livrar-se de Espíritos importunos e enganadores, mas que não se deixam iludir."

Médiuns fascinados – "Os que são iludidos por Espíritos enganadores e se iludem sobre a natureza das comunicações que recebem."

Médiuns subjugados – "Os que sofrem uma dominação moral e, muitas vezes, material por parte de Espíritos maus."

Médiuns levianos – "Os que não levam a sério suas faculdades e delas só se servem por divertimento ou para futilidades."

Médiuns indiferentes – "Os que não tiram nenhum proveito moral das instruções que recebem, nem modificam em coisa alguma o proceder e os hábitos."

Médiuns presunçosos – "Os que têm a pretensão de se relacionarem unicamente com Espíritos superiores. Julgam-se infalíveis e consideram inferior e errôneo tudo que não venha por seu intermédio."

Médiuns orgulhosos – "Os que se envaidecem das comunicações que lhes são dadas. Julgam que nada mais têm a aprender no Espiritismo e não tomam para si as lições que recebem frequentemente dos Espíritos."

Médiuns suscetíveis – "Variedade dos médiuns orgulhosos. Melindram-se com as críticas de que sejam objeto as comunicações que recebem e se irritam com a menor contradição. Se mostram o que obtêm, não é para pedir a opinião de ninguém, mas para que o trabalho deles seja admirado. Geralmente, tomam aversão pelas pessoas que não os aplaudem sem restrições e fogem das reuniões onde não possam impor-se e dominar."

Ressaltamos aqui a opinião de Erasto sobre os médiuns orgulhosos e suscetíveis: "Deixai que se exibam onde quiserem. Que procurem ouvidos mais complacentes, ou que se isolem; nada perdem as reuniões que ficam privadas da presença deles".

Médiuns mercenários – "Os que exploram suas faculdades."

Médiuns ambiciosos – "Os que, embora não mercadejem com as faculdades que possuem, esperam tirar delas uma vantagem qualquer."

Médiuns de má-fé – "Os que, possuindo faculdades reais, simulam faculdades que não têm, para se darem mais importância. Não se podem designar pelo nome de médium as pessoas que, não tendo nenhuma faculdade mediúnica, só produzem certos efeitos por meio do charlatanismo."

Médiuns egoístas – "Os que só se servem de suas faculdades para uso pessoal e guardam para si as comunicações que recebem."

Médiuns invejosos – Os que olham com despeito a maior consideração que é dispensada a outros médiuns, que lhes são superiores."

Kardec considera que "todas estas más qualidades têm necessariamente a sua contraparte no bem", como vemos em seguida.

6.4 Bons médiuns (it. 197)

Médiuns sérios — "Os que só se servem de suas faculdades para o bem e para fins verdadeiramente úteis. Utilizar-se delas para satisfação de curiosos e indiferentes, ou para futilidades é, para eles, uma profanação."

Médiuns modestos — "Os que não se atribuem nenhum mérito pelas comunicações que recebem, por mais belas que sejam. Consideram-se estranhos a elas e não se julgam livres das mistificações. Longe de fugirem das opiniões desinteressadas, eles as solicitam."

Médiuns devotados — "Os que compreendem que o verdadeiro médium tem uma missão a cumprir e deve, quando necessário, sacrificar gostos, hábitos, prazeres, tempo e até mesmo interesses materiais em favor dos outros."

Médiuns seguros — "Os que, além da facilidade de execução, merecem toda a confiança, pelo próprio caráter, pela natureza elevada dos Espíritos que os assistem, e que, portanto, se acham menos expostos a ser enganados."

O Espírito Erasto, um dos guias de Allan Kardec, pondera que

> [...] expondo assim as qualidades e os defeitos dos médiuns, suscitareis contrariedades e até a animosidade de alguns, mas, que importa? A mediunidade se espalha cada vez mais e o médium que levasse a mal estas reflexões provaria apenas uma coisa: que não é bom médium, ou seja, que é assistido por Espíritos maus (it. 197).

Em mensagem mediúnica, o Espírito Sócrates faz considerações a respeito do quadro sinótico dos médiuns (aqui estudados) elaborado pelo codificador:

> Este quadro é de grande importância, não só para os médiuns sinceros que procurem de boa-fé preservar-se dos escolhos a que estão

expostos, mas também para todos os que se servem dos médiuns, porque a leitura dele lhes dará a medida do que podem racionalmente esperar (it. 197).

Em outra mensagem, Sócrates nos fornece bons conselhos:

> Todas estas variedades de médiuns apresentam uma infinidade de graus em sua intensidade. Muitas, em verdade, não passam de nuanças de outras, mas que nem por isso deixam de resultar de aptidões especiais. É muito raro que a faculdade de um médium se circunscreva rigorosamente a um único gênero, o que se compreende facilmente. [...] É erro grave querer forçar a todo custo o desenvolvimento de uma faculdade que não se possua. A pessoa deve cultivar todas aquelas cujos germens reconheça possuir. Procurar ter as outras é, antes de tudo, perder tempo; em segundo lugar, é correr o risco de perder, ou, com certeza, enfraquecer as faculdades de que já seja dotado.
>
> Quando existe o princípio, o gérmen de uma faculdade, esta se manifesta sempre por sinais inequívocos (it. 198).

Esse respeitável Espírito nos indica o caminho correto a seguir, exercendo a prática mediúnica com base na moralidade e no conhecimento: "Os bons [Espíritos] abandonam sempre os presunçosos, que se tornam então joguete de Espíritos mentirosos" (it. 198).

Ao final do capítulo, Allan Kardec esclarece:

> Cumpre notar, além disso, que as variações que a mediunidade apresenta e às quais outras mais se poderiam acrescentar, nem sempre guardam relação com o caráter do médium. Assim, por exemplo, um médium naturalmente alegre, jovial, pode obter habitualmente comunicações graves, mesmo severas e vice-versa. É ainda uma prova evidente de que age sob a impulsão de uma influência estranha (it. 199).

RESUMO DE *O LIVRO DOS MÉDIUNS* – PARTE 2 MANIFESTAÇÕES ESPÍRITAS

CAPÍTULO 17: FORMAÇÃO DOS MÉDIUNS

Neste capítulo, Kardec analisa a formação do médium sob três aspectos fundamentais, com base na mediunidade de psicografia: *desenvolvimento da mediunidade*, *mudança de caligrafia* e *perda e suspensão da mediunidade*.

O Codificador informa que a mediunidade

> [...] se manifesta nas crianças e nos velhos, em homens e mulheres, sejam quais forem o temperamento, o estado de saúde e o grau de desenvolvimento intelectual e moral. Só existe um meio de se comprovar sua existência: é experimentar (it. 200).

Esclarece também que, na psicografia, o "[...] processo é dos mais simples: consiste unicamente em alguém pegar um lápis e papel e pôr-se na posição de quem escreve, sem qualquer outro preparativo" (it. 200).

Fornece alguns conselhos preliminares:

a) Evitar qualquer obstáculo que embaraça a mão (it. 201);

b) A ponta do lápis ou da caneta deve tocar de leve o papel para favorecer a escrita (it. 201);

c) A agitação, a movimentação ou ruídos produzidos na escrita dependem da natureza do Espírito comunicante (os bons Espíritos são tranquilos e tudo fazem para não criar situações embaraçosas) (it. 202);

d) O médium iniciante deve moderar sua vontade de receber mensagens de Espíritos amigos ou familiares: é preciso ter paciência, pois, às vezes, há motivos de ordem superior que impedem a manifestação deles (it. 203);

Pode acontecer, portanto, que aquele com quem o médium deseje comunicar-se não esteja em condições propícias a fazê-lo, *embora se ache presente*, como também pode suceder que não tenha possibilidade, nem permissão para atender ao pedido que lhe é feito (it. 203).

e) Esclarece que não há uma fórmula sacramental que facilite a manifestação de um Espírito: "Quem quer que pretenda indicar alguma [fórmula sacramental] pode ser tachado, sem receio, de impostor, visto que a forma não tem nenhum valor para os Espíritos. Contudo, a evocação [quando existir a necessidade] deve sempre ser feita em nome de Deus", como tudo na vida (it. 203);

f) A identidade do Espírito comunicante não é tão fácil de obter, exige muita experiência, de sorte que o médium principiante pode ser facilmente enganado (it. 203);

g) É sempre oportuno que o médium faça ligação mental com Espíritos bons, criando um clima de serenidade e de respeito que afasta, naturalmente, Espíritos brincalhões ou descompromissados com as coisas sérias (it. 203).

Antes de receber as comunicações dos Espíritos, a pessoa deve envolver-se em clima de calma, recolhimento e firme vontade:

> Por vontade, não entendemos aqui uma vontade efêmera, que age com intermitências e que outras preocupações interrompem a cada momento, mas sim uma vontade séria, perseverante, contínua, *sem impaciência nem desejo febricitante*. A solidão, o silêncio e o afastamento de tudo que possa ser causa de distração favorecem o recolhimento [...] (it. 204).

Se, após várias tentativas, não há comunicação de um Espírito, é possível que a mediunidade como tarefa (mediunidade produtiva) não se caracterize. Contudo, quando há indício de mediunidade produtiva, desde as primeiras tentativas, ocorrem manifestações dos Espíritos (it. 205).

> Um meio que muito frequentemente dá bom resultado consiste em empregar-se, como auxiliar momentâneo, um médium escrevente, maleável, já formado. Se ele puser a mão, ou os dedos, sobre a mão daquele que deve escrever, é raro que esta última não o faça imediatamente (it. 206).

Esclarecemos, contudo, que, à época de Kardec, esse método era válido, pois os médiuns não passavam por uma preparação teórica e prática tal como acontece nos dias atuais. Dessa forma, quando o médium se coloca à disposição dos Espíritos, estes se manifestam caso exista uma faculdade mediúnica produtiva. É importante que o principiante aprenda a desenvolver sua faculdade mediúnica em reuniões sérias, na Casa Espírita, junto com médiuns experientes e orientação segura de orientadores encarnados e desencarnados (it. 206).

Kardec alerta a respeito de certas práticas inconvenientes no desenvolvimento da mediunidade:

> Tem-se procurado processos para a formação de médiuns, como se têm procurado diagnósticos, mas, até o momento, não conhecemos nenhum mais eficaz do que aqueles que indicamos. Convencidas de que o obstáculo ao desenvolvimento da faculdade é uma resistência de ordem toda material, algumas pessoas pretendem vencê-la por meio de uma espécie de ginástica, a ponto de quase desarticularem o braço e a cabeça (it. 208).

O codificador pondera que, "no médium aprendiz, a fé não é condição rigorosa; sem dúvida lhe secunda os esforços, mas não é indispensável; a pureza de intenção, o desejo do bem e a boa vontade bastam" (it. 209).

Um indício de psicografia é um frêmito no braço e na mão do médium, mas isso não é regra geral. Há médiuns que começam a escrever naturalmente desde a primeira vez que se põem a exercitar, sem sentir qualquer manifestação física, registrando apenas o desejo de escrever. Na verdade, tudo depende do grau de mediunidade existente. A mediunidade incipiente não produz bons e contínuos resultados. Caracteriza-se por comunicações truncadas, frases soltas ou simples rabiscos (it. 210).

Importa considerar, seriamente, esta orientação do Codificador:

> O escolho com que se defronta a maioria dos médiuns principiantes é o de terem de lidar com Espíritos inferiores, e feliz do medianeiro quando se trata apenas de Espíritos levianos. Devem estar muito atentos para que tais Espíritos não assumam predomínio, porque, caso isso aconteça, nem sempre lhes será fácil desembaraçar-se deles. Este ponto é de tal modo importante, sobretudo no começo, que, não sendo tomadas as precauções necessárias, podem-se perder os frutos das mais belas faculdades (it. 211).

Faz-se necessário confiar em Deus, em Jesus e nos bons Espíritos, buscando esclarecimentos a respeito do assunto.

Outro ponto não menos importante: "Se o médium deve fazer tudo para não cair sob a dependência dos Espíritos maus, mesmo que de forma involuntária, mais ainda deve fazê-lo para não cair voluntariamente" (it. 212). Todo cuidado é pouco quando se trata da prática mediúnica séria: nada de pressas ou de tentativas de transmitir mensagens dos Espíritos de forma impulsiva, a qualquer hora e sem bons critérios. O médium, ou candidato a mediunidade, precisa esclarecer-se convenientemente sobre o assunto, filiar-se a um grupo sério e, então, iniciar a prática mediúnica (it. 212).

Ressaltamos que nem sempre a escrita sai totalmente legível no início. A beleza da letra e a clareza das frases dependem, obviamente, dos recursos oferecidos pelo médium. Os Espíritos não costumam economizar papel e é comum surgirem palavras ininteligíveis. Daí ser importante que o próprio médium faça a revisão da mensagem recebida, uma vez que já se encontra gravada em seus arquivos mentais. Os erros gramaticais devem ser revisados, pois nem sempre o médium tem domínio da linguagem. Quando o Espírito comunicante percebe que o médium escreveu algo que não corresponde ao que gostaria de transmitir, é comum riscar as palavras anteriormente escritas e reescrevê-las. Concluída a mensagem, a mão fica imóvel, nenhum pensamento mais cruza a mente do médium (it. 213).

Finalmente, lembra-nos Kardec, mesmo o médium mais experiente, que escreve com muita facilidade, deve estar sempre atento contra a investida dos Espíritos menos esclarecidos ou de perseguidores. Nesses médiuns, foram vencidas as barreiras físicas, mas é preciso ficar atento contra todo tipo de armadilhas colocadas por Espíritos distanciados do bem. Daí a importância de esforçar-se para ter boa conduta moral. Mesmo que o médium já tenha certa destreza, é importante não abusar da faculdade, mas, ao contrário, utilizá-la adequadamente em momentos e locais favoráveis, nos quais reine o equilíbrio (it. 216 e 217).

O seguinte conselho de Kardec jamais deve ser esquecido pelos candidatos a prática mediúnica: "[...] apesar de todas as tentativas, se a mediunidade não se revelar de modo algum, deverá o aspirante renunciar a ser médium, como renuncia ao canto quem reconhece não ter voz" (it. 218).

A mudança da caligrafia nas psicografias é usual e depende do Espírito comunicante e da destreza que o médium vai adquirindo, mesmo em se tratando de médiuns mecânicos (it. 219).

A perda ou suspensão da mediunidade pode ocorrer em situações específicas, temporárias ou não. A prática mediúnica sofre intermitências, em geral relacionadas às condições do próprio médium: estado de doença, cansaço, estresse, idade etc. Agravando-se a situação, a suspensão pode ocorrer de forma definitiva durante o período reencarnatório do médium. Por exemplo: se um médium sofreu uma lesão cerebral, por doença preexistente ou por acidente, ele pode ficar impossibilitado de movimentar a mão e o braço, ou mesmo de captar coerentemente o pensamento dos Espíritos. Quando a situação não é assim tão drástica, há, de qualquer forma, flutuações na prática mediúnica, ocorrendo, às vezes, suspensões temporárias (it. 220).

No item 220, Allan Kardec insere 16 perguntas e as respectivas respostas dadas pelos Espíritos esclarecidos, aprofundando o tema estudado no capítulo. Recomendamos a leitura em razão das oportunas informações transmitidas.

Nos dias atuais, sabemos que as reuniões mediúnicas sérias, realizadas na Casa Espírita, proporcionam todas essas condições sugeridas por Kardec porque, além de sérias, são instrutivas.[92]

---

92 No capítulo 29, de *O livro dos médiuns*, Kardec apresenta a diferença entre reuniões sérias e instrutivas.

CAPÍTULO 18: INCONVENIENTES E PERIGOS DA MEDIUNIDADE

Na época em que a prática mediúnica não era muito difundida, surgiram muitas dúvidas sobre o efeito que poderia causar no sistema nervoso. Talvez em decorrência da sensibilidade usual dos médiuns, acreditava-se que o exercício mediúnico poderia provocar distúrbios emocionais, perturbações neurológicas, até mesmo conduzir o médium à loucura. Estudos posteriores e os resultados obtidos pela experiência nos grupos mediúnicos demonstram que a faculdade mediúnica não provoca anomalias neurológicas, nem as viabiliza, se o médium tem uma estrutura nervosa íntegra. Em outras palavras: a loucura ou outras desarmonias mentais só ocorrem se já houver alguma lesão ou problema.

Mas o exercício mediúnico pode, contudo, causar fadiga ao médium:

> O exercício muito prolongado de qualquer faculdade provoca fadiga. A mediunidade está no mesmo caso, principalmente a que se aplica aos efeitos físicos. Ela necessariamente ocasiona um dispêndio de fluido, que traz a fadiga, mas que se repara pelo repouso (it. 221, q. 2).

Um ponto relevante é que, mesmo sendo a faculdade mediúnica inerente ao psiquismo humano, há pessoas que apresentam uma sensibilidade à flor da pele e demonstram significativo cansaço, mesmo depois de anos de prática. Nessa situação, Kardec aconselha "[...] que é prudente, necessário mesmo, a abstenção, ou, pelo menos, o exercício moderado; vai depender do estado físico e moral do médium. Aliás, o médium o sente geralmente e, quando isso acontece, deve abster-se" (it. 221, q. 3).

Às vezes, o médium revela fadiga apenas em determinados momentos: quando trabalha muito profissionalmente, quando está doente ou se restabelecendo de uma enfermidade qualquer, quando dorme pouco, entre outros. Nessas condições, Kardec pondera o que fazer, porquanto há pessoas que devem evitar qualquer causa de superexcitação e o exercício da mediunidade é uma delas (it. 221, q. 4).

Mas, efetivamente, a mediunidade não produz loucura ou qualquer perturbação mental:

> [...] desde que não haja predisposição para isso, em virtude de fraqueza cerebral. A mediunidade não produzirá a loucura, se esta já não existir em estado rudimentar. Porém, se o seu princípio já existe, o que facilmente se reconhece pelo estado moral da pessoa, o bom senso nos diz que devemos ser cautelosos, sob todos os pontos de vista, pois qualquer abalo pode ser prejudicial (it. 221, q. 5).

Daí a orientação de jamais encaminhar alguém para um grupo mediúnico sem que tenha passado por um período de aprendizado em cursos regulares. Nesse momento, é possível observar a pessoa com mais atenção e discernir se é válido encaminhá-la ao exercício mediúnico.

Uma questão não menos importante e que tem aumentado muito nos últimos tempos diz respeito à mediunidade nas crianças. Em primeiro lugar, importa considerar que a mediunidade natural, isto é, aquela que faz parte do planejamento reencarnatório, não produz maiores transtornos nas crianças. Por ser algo natural, a cuja sensibilidade o seu corpo físico está adequado, a criança, em geral, não apresenta perturbações. Isso em tese, pois tudo depende das condições de saúde (física, emocional e psíquica e moral) e do ambiente doméstico no qual a criança está sendo educada. Crianças de pais espíritas, por exemplo, em geral, não passam por maiores dificuldades, pois os pais sabem auxiliá-las. Contudo, situação diversa ocorre com crianças educadas em um meio que apresenta preconceito contra o Espiritismo ou não dispõe de informações corretas sobre a Doutrina Espírita. A situação, nesses termos, pode apresentar dificuldades (it. 221, q. 5 e 6).

> Quando a faculdade se manifesta espontaneamente numa criança, é que está na sua natureza e porque a sua constituição se presta a isso. O mesmo não acontece, quando é provocada e superexcitada. Notai que a criança que tem visões pouco se importa com elas, pois lhe parecem coisas muito naturais, a que dá pouquíssima atenção e quase sempre esquece. Mais tarde, o fato lhe volta à memória e ela o explica facilmente, caso conheça o Espiritismo (it. 221, q. 7).

De qualquer forma, é inconveniente e totalmente inadequado estimular o desenvolvimento da mediunidade em crianças. Kardec afirma, de forma resoluta, sob orientação espiritual esclarecida:

> E sustento mesmo que seria muito perigoso, visto que esses organismos débeis e delicados sofreriam fortes abalos e as imaginações infantis excessiva superexcitação. Assim, os pais prudentes devem afastá-las dessas ideias ou, pelo menos, só lhes falar do assunto do ponto de vista das consequências morais (it. 221, q. 6).

A idade para o início da prática mediúnica depende de alguns fatores: conhecimento teórico mínimo da mediunidade; condições emocionais e psíquicas do médium; disponibilidade para exercer o compromisso. Não há uma idade precisa para o início. Os jovens e os adultos podem praticar a mediunidade em qualquer época, desde que tenham condições harmônicas, apresentem algum conhecimento sobre o assunto, estejam dispostos a participar do grupo mediúnico e, ao mesmo tempo, continuar com seu aprendizado teórico em cursos regulares, além de se manterem assíduos à tarefa.

Em condições usuais, se não há afloramento da faculdade mediúnica, ou, se perante a sua existência, pode-se administrá-la adequadamente, recomenda-se que a pessoa adquira conhecimento básico da Doutrina Espírita e específico da mediunidade antes de ser encaminhada a um grupo mediúnico. Enfim,

> Não há idade precisa. Isso depende inteiramente de desenvolvimento físico e, mais ainda, do desenvolvimento moral. Há crianças de 12 anos que serão menos afetadas pela faculdade mediúnica do que algumas pessoas já formadas. Falo da mediunidade em geral, pois a de efeitos físicos é mais fatigante para o corpo [...] (it. 221, q. 8).

Tudo tem que ser analisado com bom senso e prudência. Sabemos que há jovens, e até mesmo crianças, que são mais maduras que um adulto.

> A prática do Espiritismo, como veremos mais adiante, requer muito tato para que sejam desfeitas as tramas dos Espíritos enganadores. Se até homens maduros são iludidos por eles, mais expostos ainda se acham a infância e a juventude, em virtude da própria inexperiência da idade. Sabe-se, além disso, que o recolhimento é uma condição sem a qual não se pode lidar com Espíritos sérios. As evocações feitas levianamente e por gracejo constituem verdadeira profanação, que facilita

o acesso aos Espíritos zombeteiros ou malfazejos. Como não se pode esperar de uma criança a gravidade necessária a semelhante ato, seria de temer que, entregue a si mesma, ela fizesse disso um brinquedo. Mesmo nas condições mais favoráveis, é desejável que uma criança dotada de faculdade mediúnica não a exercite senão sob a vigilância de pessoas experientes, que lhe ensinarão, pelo exemplo, o respeito devido às almas dos que viveram. Por aí se vê que a questão da idade tanto está subordinada às condições de temperamento, quanto às de caráter. Todavia, o que ressalta com clareza das respostas acima é que não se deve forçar o desenvolvimento dessas faculdades nas crianças, quando não é espontânea, e que, em todos os casos, importa empregá-la com grande prudência, não convindo excitá-la nem estimulá-la nas pessoas débeis (it. 222).

Atualmente, nenhuma criança é conduzida a um grupo mediúnico. A prudência indica que ela deve participar de aulas de evangelização espírita, receber passe, participar das reuniões do Evangelho no lar, ou seja, de alguma forma aprender a lidar com o fenômeno e, sobretudo, informar-se a respeito de suas consequências morais. Quando alcançar a juventude ou a idade adulta, que lhe é mais favorável, poderá assumir o compromisso com a mediunidade.

Por último, lembramos que pessoas portadoras de alguma debilidade cerebral, com algum distúrbio mental, que esteja sob influência obsessiva etc. não devem participar de reuniões mediúnicas:

> Devem ser afastadas do exercício da mediunidade, por todos os meios possíveis, as pessoas que apresentem sintomas, ainda que mínimos, de excentricidade nas ideias, ou de enfraquecimento das faculdades mentais, porquanto, nessas pessoas, há predisposição evidente para a loucura, que pode manifestar-se por efeito de qualquer superexcitação. [...] O que de melhor se tem a fazer com todo indivíduo que mostre tendência à ideia fixa é dar outra diretriz às suas preocupações, a fim de proporcionar repouso aos órgãos enfraquecidos (it. 222).

CAPÍTULO 19: O PAPEL DOS MÉDIUNS NAS COMUNICAÇÕES ESPÍRITAS (1)

No momento em que ocorre a manifestação dos Espíritos, o médium entra em estado de alteração da consciência, usualmente denominado transe ou crise, como era chamado à época da Codificação. A intensidade do transe apresenta gradações que vão dos níveis mais leves ou superficiais aos mais profundos. Nos transes superficiais, também nomeados "conscientes", o médium toma conhecimento das ideias do Espírito comunicante à medida que são emitidas. Nos transes mais profundos, ditos "inconscientes" ou sonambúlicos, há certo grau de amnésia durante a transmissão da mensagem, de sorte que as ideias transmitidas pelo comunicante espiritual só são totalmente conhecidas pelo médium após a comunicação. Entre ambas as modalidades, o grau do transe varia imensamente. Kardec denomina mediunidade os transes superficiais de intuitivos, os profundos de mecânicos ou sonambúlicos, e os que se situam entre os dois extremos de semimecânicos, características perfeitamente percebidas na mediunidade de psicografia.

Os transes mais ou menos acentuados podem gerar no médium "[...] fadiga e por isso precisa de repouso. Entretanto, na maioria das vezes, seu estado quase não difere do estado normal, principalmente quando se trata dos médiuns escreventes" (it. 223, q. 1).

Os transes superficiais ou intuitivos podem gerar confusão no médium principiante, que fica em dúvida se a mensagem é, de fato, mediúnica, de um comunicante espiritual ou não. Só a experiência e o estudo ensinarão o médium a discernir o que é produto dos próprios pensamentos e o que provém de um desencarnado. Na verdade, toda comunicação mediúnica, mesmo a recebida estando o médium sob transe sonambúlico, apresenta o colorido da personalidade do médium. Há, pois, certo grau de animismo: "A alma do médium pode comunicar-se como a de qualquer outro. Se goza de certo grau de liberdade, recobra suas qualidades de Espírito" (it. 223, q. 2).

É natural a interferência anímica nas comunicações mediúnicas, pois o médium funciona sempre como intérprete do pensamento dos Espíritos:

> O Espírito do médium é o intérprete, porque está ligado ao corpo que serve para falar, e por ser necessária uma cadeia entre vós e os Espíritos que se comunicam, como é preciso um fio elétrico para transmitir uma notícia a grande distância, desde que haja, na extremidade do fio, uma pessoa inteligente que a receba e transmita (it. 223, q. 6).

O bom médium, como o bom intérprete, não interfere nas ideias do Espírito, apenas apresenta-as segundo o seu entendimento. Daí a necessidade de o médium estudar, a fim de oferecer melhores condições aos Espíritos comunicantes. Pela análise dos ditados mediúnicos e pela natureza das comunicações, é possível distinguir o que é do médium e o que do Espírito:

> É principalmente no estado de sonambulismo ou de êxtase que o Espírito do médium se manifesta, porque então se encontra mais livre. No estado normal é mais difícil. Aliás, há respostas que não se podem atribuir a eles de modo algum. É por isso que vos digo: estudai e observai (it. 223, q. 3).

Kardec ainda faz esta observação: "Quando uma pessoa nos fala, distinguimos facilmente o que vem dela daquilo de que ela é apenas o eco. O mesmo se verifica com os médiuns" (it. 223, q. 3).

Os conhecimentos adquiridos pelo médium, em vidas anteriores ou na atual existência, são cumulativos e utilizados pelos Espíritos sempre que necessário. Mas o fato de ocorrer interferência anímica nas comunicações não significa que esta seja inferior ou superior ao pensamento do Espírito comunicante. Tudo vai depender do grau de elevação moral e intelectual do comunicante. Alguns podem até apresentar inferioridade em relação ao médium (it. 223, q. 5).

Para que ocorra o intercâmbio mediúnico, é necessário, antes de tudo, que haja sintonia entre o comunicador e o comunicante,

[...] porque se não houver afinidade entre eles, o Espírito do médium pode alterar as respostas e assimilá-las às suas próprias ideias e inclinações. Porém, *não exerce influência sobre os Espíritos comunicantes*, autores das respostas. É apenas um mau intérprete (it. 223, q. 7).

Resulta daí a preferência dos Espíritos por certos médiuns: "Procuram o intérprete que mais simpatize com eles e que exprima com mais exatidão os seus pensamentos" (it. 223, q. 8).

Então, concluímos que não existe uma passividade absoluta do médium: "É passivo quando não mistura suas próprias ideias com as do Espírito que se comunica, mas nunca é inteiramente nulo. Seu concurso é sempre necessário, como o de um intermediário, mesmo quando se trata dos chamados médiuns mecânicos" (it. 223, q. 10).

Dizer-se "médiuns inertes" é um equívoco que ainda predomina nos dias de hoje, sobretudo quando vemos certas produções cinematográficas nas quais objetos inertes (estátuas, por exemplo) adquirem vida fictícia, se movimentam, realizam uma série de proezas. Devemos tratar a questão como uma fantasia, pois "[...] seria muito estranho que o homem inteligente se transformasse em máquina e que um objeto inerte se tornasse inteligente [...]" (it. 223, q. 12). Assim, se "[...] um homem agita encolerizado uma bengala, não é que a bengala esteja com cólera, nem mesmo a mão que a segura, mas o pensamento que dirige a mão [...]; [objetos] não apresentam nenhum sentimento inteligente, apenas obedecem a uma inteligência [...]" (it. 223, q. 13).

O Codificador do Espiritismo toca num assunto muito importante, o qual, por não ser adequadamente analisado, tem gerado uma série de equívocos. Trata-se da forma de se expressar um Espírito comunicante: em língua diferente da do médium, ou na forma infantil (imitando uma criança), ou como falaria, por exemplo, um Espírito que tenha tido uma reencarnação como caboclo, índio, preto velho:

[...] os Espíritos só têm uma língua, que é a do pensamento. Todos compreendem essa língua, tanto os homens como os Espíritos. O Espírito errante, quando se dirige ao Espírito encarnado do médium, não lhe fala francês, nem inglês, mas a língua universal que é a do pensamento. Para exprimir suas ideias numa língua articulada, transmissível, ele utiliza as palavras do vocabulário do médium (it. 223, q. 15).

Importa considerar, também, que ninguém pensa por palavras ou frases. Pensa-se por imagens. A imagem mental é, então, codificada na forma de palavras (símbolos), escritas ou verbalizadas.

1 O papel dos médiuns nas comunicações espíritas (2)

Os Espíritos Erasto e Timóteo, dedicados cooperadores de Paulo de Tarso (*Atos dos apóstolos*, 19:22; *I Timóteo*, 4:20; *Romanos*, 16:23) — pode-se dizer que talvez Erasto ocupasse uma posição política de destaque em Corinto, já que é mencionado na *Epístola aos Romanos* como o procurador da cidade de onde Paulo escreveu a carta, por volta do ano 57 da Era Cristã —, fornecem esclarecimentos, sob a forma de dissertação, que refletem o pensamento de um Espírito Superior sobre o papel dos médiuns nas comunicações mediúnicas.

As orientações que se seguem, inseridas no item 225 de *O livro dos médiuns*, devem ser estudadas com atenção pelo estudioso da mediunidade, sobretudo pelos participantes de grupo mediúnico, a fim de melhor conhecer os mecanismos da comunicação mediúnica.

Na comunicação mediúnica, há irradiação mental do pensamento do comunicante aos médiuns:

> [...] sejam mecânicos, semimecânicos ou simplesmente intuitivos, os nossos processos de comunicação com eles praticamente não variam. De fato, nós nos comunicamos com os Espíritos encarnados dos médiuns, da mesma forma que com os Espíritos propriamente ditos, tão só pela irradiação do nosso pensamento.

2 Como ocorre a compreensão das ideias do comunicante

Os nossos pensamentos não precisam da vestimenta da palavra para serem compreendidos pelos Espíritos, e todos os Espíritos percebem os pensamentos que desejamos transmitir-lhes [...], em razão de suas faculdades intelectuais.

3 O médium precisa estudar mais para melhor compreender as ideias do comunicante

Neste caso, o Espírito encarnado que nos serve de médium é mais apto a exprimir o nosso pensamento a outros encarnados, embora não o compreenda, coisa que um Espírito desencarnado, mas pouco adiantado não poderia fazer, se fôssemos obrigados a servir-nos dele, porque o ser terreno põe seu corpo, como instrumento, à nossa disposição, o que o Espírito errante não pode fazer.

4 Condições oferecidas pelo médium esclarecido

Assim, quando encontramos em um médium o cérebro repleto de conhecimentos adquiridos na sua vida atual e o seu Espírito rico de conhecimentos latentes, obtidos em vidas anteriores, suscetíveis de nos facilitarem as comunicações, preferimos nos servir dele, porque com ele o fenômeno da comunicação se torna muito mais fácil para nós do que com um médium de inteligência limitada e de escassos conhecimentos, adquiridos anteriormente.

Desse modo, afirmam os Espíritos: "Quando queremos transmitir ditados espontâneos, atuamos sobre o cérebro, sobre os arquivos do médium [...]."

5 Os médiuns esclarecidos ou estudiosos são mais aptos às comunicações mediúnicas

Com um médium cuja inteligência atual ou anterior se ache desenvolvida, o nosso pensamento se comunica, instantaneamente, de Espírito a Espírito, graças a uma faculdade peculiar à essência mesma do Espírito. Nesse caso, encontramos, no cérebro do médium, os elementos apropriados a dar ao nosso pensamento a vestimenta da palavra que lhe corresponda, e, isto, quer o médium seja intuitivo, semimecânico ou inteiramente mecânico.

6 A mensagem mediúnica terá, sempre, o pessoal do médium

Quer isso dizer que o médium expressa com suas palavras o pensamento do Espírito, de acordo com os recursos intelectuais e morais de que disponha: "É por isso que, seja qual for a diversidade dos Espíritos que se comunicam com um médium, os ditados que este obtém, ainda que procedendo de Espíritos diferentes, trazem, quanto à forma e ao colorido, o cunho que lhe é pessoal". Ou seja, há sempre ação anímica, por parte do médium nas comunicações.

7 O médium deve ter o cuidado de não alterar o pensamento e/ou as ideias do comunicante, mesclando-os com o seu modo de pensar

Trata-se de uma habilidade que se desenvolve com o tempo, com o exercício contínuo da prática mediúnica e que está muito relacionada ao empenho do médium em estudar e se dedicar com afinco à tarefa.

Com efeito, apesar de o pensamento não lhe ser [ao médium] de todo estranho, não obstante o assunto esteja fora do âmbito em que ele habitualmente se move, e embora não provenha dele o assunto que nós queremos dizer, nem por isso o médium deixa de exercer influência quanto à forma, pelas qualidades e propriedades inerentes à sua individualidade. É exatamente como se observásseis panoramas diversos, com lentes matizadas, verdes, brancas ou azuis; embora os panoramas, ou objetos observados, sejam inteiramente opostos e independentes uns dos outros, não deixam por isso de afetar uma tonalidade que provém das cores das lentes.

8 Dificuldades de transmissão da mensagem quando o médium ainda não está preparado

[...] o nosso trabalho se torna mais demorado e penoso, pois somos forçados a recorrer a formas incompletas, o que constitui para nós uma complicação. Somos então forçados a decompor os nossos pensamentos e ditar palavra por palavra, letra por letra, representando isto uma fadiga e um aborrecimento, assim como um entrave real à presteza e ao desenvolvimento de nossas manifestações.

9 A preferência dos Espíritos pelos médiuns mais qualificados

É por estas razões que nos dirigimos de preferência às classes cultas e instruídas, para a divulgação do Espiritismo e para o desenvolvimento das faculdades mediúnicas escreventes, embora seja nessas classes que se encontram os indivíduos mais incrédulos, mais rebeldes e mais imorais.

Em suma, de tudo o que foi exposto, "[...] resulta o princípio de que o Espírito haure, *não as ideias do médium*, mas sim os materiais necessários para exprimi-las, que ele encontra no cérebro do médium".

CAPÍTULO 20: INFLUÊNCIA MORAL DO MÉDIUM

Este capítulo trata da *influência moral dos médiuns* nas mensagens dos Espíritos. É texto que deve merecer estudo mais atento por parte dos membros da reunião mediúnica, sobretudo os que têm faculdade mediúnica ativa.

A influência moral dos médiuns nas comunicações dos Espíritos é inequívoca. É fator que determina se a prática mediúnica é de boa ou má qualidade, considerando ainda que a faculdade mediúnica "[...] propriamente dita reside no organismo; independe do moral. O mesmo, porém, não se dá com o seu uso, que pode ser bom ou mau, de acordo com as qualidades do médium" (it. 226, q. 1).

Nesse aspecto, o intercâmbio mediúnico em si independe das qualidades morais dos médiuns, uma vez que a mediunidade é inerente ao psiquismo do ser humano. O bom rumo dado à prática mediúnica, isso sim, faz diferença, pois a faculdade é concedida por Deus como meio de melhoria espiritual entre tantos outros recursos concedidos por sua Bondade e Misericórdia aos homens (it. 226, q. 2). Assim, enfatizam os orientadores da codificação Espírita:

> Se há pessoas indignas que a possuem, é que precisam dela mais do que as outras, para se melhorarem. Pensais que Deus recusa meios de salvação aos culpados? Ao contrário, multiplica-os no caminho que eles percorrem; *coloca-os nas mãos deles*, cabendo ao homem aproveitá-los.

O bom uso das faculdades mediúnicas caracteriza influência moral positiva dos médiuns nas manifestações dos Espíritos, de quem se transforma em apreciado instrumento. Posição contrária ocorre aos médiuns que não valorizam o estudo nem o esforço do desenvolvimento de virtudes. São médiuns imprudentes, em geral, cercados de

Espíritos levianos, mentirosos, enganadores e até maus. "Se as utilizarem mal [as faculdades], serão punidos duplamente, porque têm um meio a mais de se esclarecerem e não o aproveitam. Aquele que vê claro e tropeça é mais censurável do que o cego que cai na valeta" (it. 226, q. 3).

Não é por acaso que os Espíritos bondosos e esclarecidos advertem continuamente os médiuns contra o mau uso da faculdade:

> Não há médium que empregue mal a sua faculdade, por ambição ou por interesse, ou que a comprometa por causa de um defeito capital, como o orgulho, o egoísmo, a leviandade etc., e que, de tempos em tempos, não receba advertências dos Espíritos. O mal é que na maioria das vezes ele não as toma como dirigidas para si mesmo (it. 226, q. 4).

> Os Espíritos dão suas lições quase sempre com reserva, de modo indireto, para não tirarem o mérito daquele que sabe aproveitá-las e aplicá-las, mas o orgulho, a cegueira de certas pessoas é tão grande que elas não se reconhecem no quadro que os Espíritos lhes põem diante dos olhos. Pior ainda: se o Espírito lhes dá a entender que é delas que se trata, zangam-se e o qualificam de mentiroso ou malicioso. Basta isso para provar que o Espírito tem razão (it. 226, observação à q. 4).

Isso nos faz perceber que é preciso ficar atento aos conselhos dos orientadores da vida maior, que também ensinam:

> Não creiais que a faculdade mediúnica seja dada apenas para a correção de uma ou de duas pessoas. Não. O objetivo é mais alto: trata-se da humanidade inteira. Um médium é um instrumento que, como indivíduo, tem pouca importância. É por isso que, quando damos instruções de interesse geral, nós nos servimos dos médiuns que oferecem as facilidades necessárias. Tende, porém, como certo que tempo virá em que os bons médiuns serão muito comuns, de sorte que os Espíritos bons não precisarão servir-se de maus instrumentos (it. 226, q. 5).

Conforme as circunstâncias e dependendo da necessidade de uma mensagem mediúnica ser transmitida, médiuns moralmente imperfeitos podem servir de instrumento aos benfeitores espirituais, que

"[...] só o fazem esporadicamente, pois darão preferência a outro que melhor lhe convenha".

Considerando as qualidades morais dos médiuns, Allan Kardec perguntou aos Espíritos Superiores: "Qual o médium que poderíamos qualificar de perfeito?" (it. 226, q. 9). A resposta transmitida serve de antídoto contra a vaidade e orgulho de alguns médiuns:

> Perfeito? Ah! bem sabes que a perfeição não existe na Terra; se não fosse assim, não estaríeis nela. Dizei, portanto, bom médium e já é muito, pois eles são raros. Médium perfeito seria aquele contra o qual os Espíritos maus jamais *ousassem* fazer uma tentativa qualquer para enganá-lo. O melhor é o que, simpatizando somente com os Espíritos bons, tem sido enganado com menos frequência (it. 226, q. 9).

De qualquer forma, segundo esses mesmos orientadores espirituais, as condições necessárias para que as mensagens dos Espíritos Superiores nos cheguem isentas de qualquer alteração resumem-se nesta norma moral: "Querer o bem; repelir o *egoísmo* e o *orgulho*. *Ambas essas coisas são necessárias*" (it. 226, q. 11).

Kardec assinala outros cuidados para se obterem boas comunicações mediúnicas. Destacamos as que se seguem:

1 Influência moral

> Se o médium do ponto de vista da execução, não passa de um instrumento, exerce, todavia, influência muito grande quanto ao aspecto moral (it. 227).

2 Causas do fracasso de muitos médiuns

> Todas as imperfeições morais são outras tantas portas abertas ao acesso dos Espíritos maus. Porém, a que eles exploram com mais habilidade é o orgulho [...]. O orgulho tem perdido muitos médiuns dotados das mais belas faculdades e que, se não fora essa imperfeição, teriam podido tornar-se instrumentos notáveis [...] (it. 228).

3 Os perigos do orgulho

O orgulho se manifesta, nos médiuns, por sinais inequívocos que devem merecer a maior atenção, visto que é uma das causas mais fortes de suspeição sobre a veracidade de suas comunicações. Começa por uma confiança cega na superioridade das comunicações. [...] que recebem e na infabilidade do Espírito que as transmite. [...] O prestígio dos grandes nomes, com que se adornam os Espíritos que se dizem seus protetores, os deslumbra [...]. Aborrecem-se com a menor contestação, com uma simples observação crítica, chegando mesmo a odiar as próprias pessoas que lhes prestam serviço. [...] recusa de todo conselho, suspeição sobre qualquer crítica, afastamento dos que podem dar opiniões desinteressadas [...] (it. 228).

4 A importância da análise das mensagens mediúnicas

[Há] [...] necessidade de os dirigentes de grupos espíritas serem dotados de fino tato e de rara sagacidade, para discernir as comunicações autênticas das que não o são, e para não ferir os que se iludem a si mesmos. [...] Não admitais, portanto senão o que seja para vós de inegável evidência. [...] É melhor repelir dez verdades do que admitir uma única falsidade, uma só teoria errônea (it. 230).

CAPÍTULO 21: INFLUÊNCIA DO MEIO

É sabido que o meio exerce significativa influência na educação das pessoas e na sua vivência cotidiana. Somente os Espíritos que já aprenderam a detectar as influências que lhes cercam podem, por esforço de vontade, mais da razão do que da emoção, absorver as boas influências e rejeitar as más. Somadas às influenciações que acontecem no plano físico, há as provenientes dos desencarnados, habitantes do plano extrafísico. Nessas condições, o médium propriamente dito (o que tem uma mediunidade produtiva) aprende, pelo processo de autoeducação, a conviver nesse universo de influenciações, disciplinando-se para não ser instrumento de perturbações e desarmonias.

Os Espíritos exercem, pois, influências positivas ou negativas, de acordo com o grau de melhoria moral e intelectual que alcançam. Corroborando essa informação, consta, no capítulo ora em estudo, a assertiva: "Todos os Espíritos que cercam o médium o ajudam para o bem ou para o mal" (it. 231, q. 1).

Os bons Espíritos jamais influenciam de forma negativa e, quando percebem que os médiuns se recusam a ouvi-los ou a seguir suas orientações, respeitam a vontade deles, procurando auxiliá-los sempre que possível. Vemos, então, que, a despeito da notória imperfeição do médium, "[...] os Espíritos mais elevados podem às vezes comunicar-se, graças a um favor especial, não obstante a imperfeição do médium e do meio [...]" (it. 231, q. 2).

Assim, somente em condições excepcionais e visando ao bem geral é que os Espíritos Superiores se manifestam em reuniões de seriedade duvidosa, nas quais reina a futilidade. Contudo, esclarece um benfeitor espiritual: "Nos meios pouco instruídos, mas em que há sinceridade, vamos de boa vontade, ainda mesmo que só encontremos instrumentos deficientes. Não vamos, porém, aos meios instruídos onde domina a ironia" (it. 231, q. 3).

Ao contrário, Espíritos pouco adiantados são, usualmente, conduzidos às reuniões mediúnicas sob o amparo dos Benfeitores: "[...] algumas vezes assistem a elas com o objetivo de aproveitarem os ensinos que vos são dados, mas, nesse caso, permanecem calados, *como estouvados numa reunião de pessoas ajuizadas*" (it. 231, q. 4). Ou seja, mesmo que tais Espíritos não se manifestem, vão às reuniões de intercâmbio mediúnico para aprenderem.

Assim,

> Seria erro acreditar-se que alguém precisa ser médium [ter mediunidade ostensiva] para atrair a si os seres do mundo invisível. Eles povoam o espaço, estão constantemente em torno de nós, ao nosso lado, vendo-nos, observando-nos, intervindo em nossas reuniões, seguindo-nos ou fugindo de nós, conforme os atraímos ou repelimos. A faculdade mediúnica em nada influi para isto: ela é apenas um meio de comunicação (it. 232).

A propósito, para melhor compreender o assunto, sugerimos leitura de *O livro dos espíritos*, segunda parte, capítulo 9, "Intervenção dos Espíritos no Mundo Corpóreo".

A sintonia com os Espíritos tem como base nossos interesses, motivações, simpatias e antipatias. Logo, é importante realizar estudos a respeito das causas que nos fazem sintonizar com Espíritos pouco evoluídos, como neutralizar esse tipo de influenciação e, sobretudo, como auxiliar os Espíritos sofredores que nos cercam, em busca de auxílio, sem perder a harmonia espiritual. A leitura de *O livro dos espíritos*, anteriormente citado, é um bom começo, mas há outras obras espíritas de inestimável valor.

Analisemos, porém, alguns pontos que podem nos fazer sintonizar com Espíritos mais atrasados. Comecemos por refletir a respeito das nossas disposições íntimas: "De acordo com o que dissemos acerca das causas de simpatia ou de antipatia entre os Espíritos, facilmente se compreenderá que devemos estar cercados daqueles que têm afinidade com o nosso próprio Espírito, segundo a nossa elevação ou inferioridade" (it. 232).

Mas há outros pontos não menos importantes:

Consideremos agora o estado moral do nosso globo e compreenderemos de que gênero devem ser os Espíritos que predominam entre os Espíritos errantes [Espíritos desencarnados que necessitam reencarnar]. Se tomarmos cada povo em particular poderemos julgar, pelo caráter dominante dos habitantes, pelas suas preocupações e sentimentos mais ou menos morais e *humanitários*, de que ordem são os Espíritos que de preferência se reúnem no seio dele (it. 232).

Partindo deste princípio, suponhamos uma reunião de homens levianos, inconsequentes, ocupados com seus prazeres; quais serão os Espíritos que preferentemente os cercarão? Não serão, por certo, Espíritos superiores, nem os nossos sábios e filósofos os que iriam passar o seu tempo em semelhante lugar. Assim, onde quer que haja uma reunião de homens, há igualmente em torno deles uma assembleia oculta que simpatiza com suas qualidades ou com seus defeitos, mesmo *na ausência de qualquer evocação*. Admitamos agora que tais homens tenham a possibilidade de se comunicar com os seres do mundo invisível por meio de um intérprete, isto é, por um médium; quais os Espíritos que lhes responderão ao apelo? Evidentemente os que lá estão, à espreita de uma oportunidade para se comunicarem (it. 232).

Se, numa assembleia fútil, chamarem um Espírito superior, ele poderá vir e até proferir algumas palavras sensatas, como um bom pastor que atende ao chamamento de suas ovelhas desgarradas. Porém, desde que não se veja compreendido, nem ouvido, retira-se, como em seu lugar faria qualquer um de nós, deixando aos outros o campo inteiramente livre (it. 232).

Allan Kardec chama-nos a atenção a respeito do que consideramos reunião séria, mas a que nem sempre damos a devida atenção:

Nem sempre é suficiente que uma assembleia seja séria, para receber comunicações de ordem elevada. Há pessoas que nunca riem, mas cujo coração, nem por isso, é puro. Ora, é principalmente o coração que atrai os Espíritos bons (it. 233).

Fica evidenciada, assim, a importância da nossa melhoria moral que, aliada ao conhecimento, naturalmente nos impulsionará o processo evolutivo.

Há, pois, enorme influência do meio sobre a natureza das manifestações inteligentes. Essa influência, entretanto, não se exerce como o pretendiam algumas pessoas, quando ainda não se conhecia o mundo dos Espíritos. "Em resumo: as condições do meio serão tanto melhores quanto mais homogeneidade houver para o bem, mais sentimentos puros e elevados, mais desejo sincero de instrução, sem ideias preconcebidas" (it. 234).

RESUMO DE *O LIVRO DOS MÉDIUNS* – PARTE 2 MANIFESTAÇÕES ESPÍRITAS

CAPÍTULO 22: MEDIUNIDADE NOS ANIMAIS

O texto demonstra que os animais não têm mediunidade por um motivo muito simples: por mais inteligentes que sejam, seu pensamento não é contínuo, como ocorre nos seres humanos. Além do mais, os animais não dispõem de livre-arbítrio propriamente dito, nem capacidade de tomar decisões por reflexão mental, pois ainda são governados pelo instinto.

Certas capacidades observadas nos animais, algumas superiores às humanas, resultam de constituição orgânica própria, não exatamente de um dom espiritual, conquistado no homem com a humanização do princípio inteligente. Assim, há animais que apresentam faculdades orgânicas excepcionais, muito melhores que algumas dos seres humanos. Alguns são capazes de imitar a voz humana, como o papagaio, mas isso não é exatamente capacidade intelectual nem inteligência racional (it. 234).

Vemos, assim, que há habilidades nos animais muito superiores, várias presentes nos humanos. Exemplos: o senso de direção das aves (as migrações fornecem uma boa ideia) é fenomenal. O camaleão, um réptil que tem a incrível habilidade de mudar a coloração da pele, pode ver diferentemente com cada olho, ao mesmo tempo: por um, observa o predador; pelo outro, a presa que lhe serve de alimento. O olfato dos cães. A audição dos felinos: onças-pintadas podem detectar sons muito acima dos 60.000 Hz, movendo suas orelhas em até 180° para detectar a direção do barulho. Já o ouvido humano pode captar apenas até 20.000 Hz (it. 234 e 235).

No item 236, há uma mensagem de um Espírito orientador que merece ser lida com atenção, pois é muito esclarecedora. Em primeiro lugar, destaca o significado de ser médium, ou seja, alguém que dispõe de faculdade mental, que intermedeia pensamentos de outras mentes, dos seres humanos, os seus semelhantes. Demonstra também que é um grande equívoco dizer que os Espíritos "mediunizam" objetos materiais, pois a mediunidade é faculdade psíquica humana. Na verdade, eles magnetizam o objeto, extraindo elementos do fluido cósmico universal, para movimentá-los, ou dar-lhes certa aparência, como já foi explicado anteriormente. Por outro lado, consta na mensagem que os Espíritos podem se tornar visíveis e tangíveis a certos animais, que têm visão mais ampliada, com muito menor esforço do que fariam para serem visíveis aos homens.

Por outro lado, há animais que podem ser adestrados, de tal forma que parecem dispor de um dom extrafísico. Mas esses animais, mesmo com uma inteligência mais elaborada que outros, não têm capacidade de reflexão, de dedução e interpretação mentais. É apenas um reflexo instintivo mais evoluído, ainda que se manifeste de forma admirável. O mesmo pode-se dizer em relação aos sentimentos. Há animais, sobretudo os domésticos, que demonstram sentimentos amorosos ao ser humano, a exemplo dos cães. Não há dúvida a este respeito: a fidelidade canina é algo belíssimo, mesmo que seu dono comenta crimes. Aí entramos em outro campo: a capacidade de discernimento moral, do que é certo e do que é errado. Do que é o Bem e do que é o Mal. Como seres humanos, podemos e devemos ser fiéis a alguém, mas jamais cúmplices de erros ou crimes, ainda que possamos perdoar ou entender as causas geradoras das más ações. Esse discernimento moral falta aos animais, mesmo aos cães ou outros animais que revelam maior desenvolvimento da inteligência.

RESUMO DE *O LIVRO DOS MÉDIUNS* – PARTE 2 MANIFESTAÇÕES ESPÍRITAS

CAPÍTULO 23: OBSESSÃO (1)

Este capítulo traz importantes informações sobre o conceito, tipos e graus da obsessão, cujo tema merece reflexão e leitura atenta, a fim de desenvolver melhor compreensão do assunto, considerado, por Allan Kardec, uma das dificuldades da prática mediúnica propriamente dita e das relações que se estabelecem entre os encarnados e os desencarnados. Tal situação assim se revela porque "[...] a obsessão apresenta características diversas, que é preciso distinguir e que resultam do grau de constrangimento e da natureza dos efeitos que produz [...]" (it. 237).

Conceito de obsessão – É "[...] o domínio que alguns Espíritos exercem sobre certas pessoas. É praticada unicamente pelos Espíritos inferiores, que procuram dominar, pois os Espíritos bons não impõem nenhum constrangimento" (it. 237).

Ação dos obsessores – O domínio e o constrangimento exercidos pelos obsessores ocorrem em etapas metódica e gradualmente delineadas, assim resumidas:

a) *Envolvimento fluídico*: os Espíritos perturbadores envolvem o corpo físico do objeto de suas ações de vibrações negativas, que produz na pessoa mal-estar generalizado (tonteira, náuseas, impaciência etc.) e episódico que pode ser facilmente confundido com distúrbios orgânicos, sobretudo se estes já existem;

b) *Ação sobre o perispírito*: os fluidos deletérios do agressor espiritual, impregnados de vibrações de baixo teor, atingem pontos-chave do perispíritos (centros de força) e o perispírito como um todo, de forma que, além do mal-estar generalizado, este se repete em períodos cada vez mais curtos e intensos. Se o encarnado sofre de alguma debilidade orgânica ou comportamental preexistente (enxaqueca, gastrite, problemas de coluna, temperamento agressivo ou depressivo etc.), estes podem ser agravados. Por outro lado, é comum o indivíduo ser tomado por cansaço, desânimo, tristeza ou irritabilidade, perda de energia etc., repetidos, os quais podem estar associados, ou não, a problemas físicos anteriormente detectados;

c) *Ação mental*: o obsessor age em nível das estruturas neurológicas e da mente, e, à medida que aprofunda a ação, ocorrem distúrbios variados, de acordo com a personalidade do obsidiado: se, por exemplo, a pessoa é extrovertida, seu comportamento se revela sem controle ou, no mínimo, exagerado; se a pessoa é tímida, ela se fecha e se isola etc. Instalam-se, então, comportamentos compulsivos (para comida, sexo, maledicências, consumo etc.). Surgem delírios, mania de perseguição, ideias de suicídio, entre outros, porque o obsessor atua no campo sutil do pensamento e da ideação. Sem medidas efetivas (auxílio espiritual e médico/psicológico), o quadro se agrava, pois o obsessor passa a controlar a pessoa (em suas palavras, atos e ideias).

O domínio obsessivo pode estar associado a fatores predisponentes que a pessoa não consegue ou não se esforça para administrar: mágoa, revolta, ciúme, inveja, orgulho, raiva, fraqueza de caráter, incapacidade de perdoar ou relevar ofensas, entre outros. Assim sendo, a obsessão apresenta diferentes características: desde uma simples influência, sem perceptíveis sinais exteriores, até a perturbação completa do organismo e das faculdades mentais.

> A palavra *obsessão* é, de certo modo, um termo genérico, pelo qual se designa esta espécie de fenômeno, cujas principais variedades são: a *obsessão simples*, a *fascinação* e a *subjugação* (it. 237).

As causas da obsessão, produzidas por Espíritos perseguidores (obsessores), podem ser assim resumidas, nestas palavras de Kardec:

> [...] variam de acordo com o caráter do Espírito. Às vezes é uma vingança que ele exerce sobre a pessoa que o magoou nesta vida ou em existências anteriores. Muitas vezes, é o simples desejo de fazer o mal: como o Espírito sofre, quer fazer que os outros também sofram; encontra uma espécie de prazer em atormentá-los, em humilhá-los, e a impaciência que a vítima demonstra o exacerba mais ainda, porque é esse o objetivo que o obsessor tem em vista, enquanto a paciência acaba por cansá-lo. Ao irritar-se e mostrar-se despeitado, o perseguido faz exatamente o que o perseguidor deseja. Esses Espíritos agem, não raras vezes, por ódio e por inveja do bem, o que os leva a lançarem suas vistas malfazejas sobre as pessoas mais honestas (it. 245).

Ante essas colocações, é preciso agir com muita cautela em relação a soluções "milagreiras" que propõem solucionar o grave problema da obsessão. Inclusive no meio espírita, infelizmente, surgem "técnicas" e "recursos" para afastar o obsessor. São medidas paliativas que agem sobre as consequências da enfermidade espiritual e até podem produzir temporário alívio (assim como alguém que vai a um pronto-socorro e toma medicamento para amenizar sintomas), mas que não promovem a cura ou libertação desejadas. O processo obsessivo está diretamente subordinado às imperfeições morais, à escassez de conhecimento sobre o assunto, a atos irrefletidos, cometidos nesta ou em existências anteriores.

Refletindo mais profundamente a respeito do assunto, Kardec indaga: "Diante do perigo da obsessão, é de se perguntar se não é lastimável que alguém se torne médium [...]. Afinal, a obsessão não constitui uma prova de inconveniência das comunicações espíritas?" (it. 244).

De fato, o médium obsidiado passa a não ser confiável. A interpretação das ideias dos Espíritos passa a ser suspeita, não merecendo muito crédito. E mais: quando a influência é detectada nas mensagens, escritas ou verbais, a ação do obsessor já ocorria anteriormente, em uma fase que não era ainda detectável:

> Seria errôneo, pois, acreditar-se que os Espíritos só exercem sua influência por meio de comunicações escritas ou verbais. Esta influência é permanente e mesmo os que não se ocupam com os Espíritos, ou neles não creem, estão expostos a sofrê-la [...] (it. 244).

> A mediunidade é, para o Espírito, um meio de se fazer conhecido. Se ele é mau, sempre se trai, pois mais hipócrita que seja. Pode-se, pois, dizer que a mediunidade permite se veja o inimigo face a face, se assim nos podemos exprimir, e combatê-lo com suas próprias armas. Sem essa faculdade, ele age na sombra e, tendo a seu favor a invisibilidade, pode fazer e realmente faz muito mal (it. 244).

Os médiuns obsidiados devem ser afastados, temporária ou permanentemente, das reuniões mediúnicas, conforme o grau de obsessão apresentado. Deve ser assistido pela Casa Espírita e, se for o caso, associar tratamento médico e/ou psicológico. Kardec informa que, no caso dos médiuns obsidiados, há uma regra geral que deve merecer atenção e cuidados dos espíritas esclarecidos: "[...] todo aquele que recebe más comunicações espíritas, escritas ou verbais, está sob má influência. [...]

Em resumo, o perigo não está no Espiritismo em si mesmo, visto que ele pode, ao contrário, servir-nos de controle e preservar-nos do risco que corremos incessantemente, à revelia nossa" (it. 244).

1 Obsessão (2)

No tema anterior, estudaram-se os assuntos: conceito de obsessão, ação do processo obsessivo e médium obsidiado. Analisaremos agora os principais tipos de obsessão e como evitá-la e neutralizá-la. Allan Kardec considera que

> A obsessão apresenta características diversas, que é preciso distinguir e que resultam do grau de constrangimento e da natureza dos efeitos que produz. A palavra *obsessão* é, de certo modo, um termo genérico, [...] cujas principais variedades são: a *obsessão simples*, a *fascinação* e a *subjugação* (it. 237).

É imprescindível ter esse referencial como base, a fim de melhor compreender o processo e evitar a obsessão.

Na obsessão simples, mais conhecida como influência espiritual, a ação da entidade desencarnada se manifesta de forma episódica, inoportuna e desagradável, produzindo mal-estar generalizado e inquietações ao obsidiado. Na prática mediúnica, a obsessão simples ocorre "[...] quando um Espírito malfazejo se impõe a um médium, intromete-se contra a sua vontade nas comunicações que ele recebe, impede-o de se comunicar com outros Espíritos [...]" (it. 238).

Essa situação pode ser percebida pelo teor das comunicações que, usualmente, apresentam um mesmo tipo de ideias, variáveis apenas quanto à forma, mas não quanto ao conteúdo. O Espírito comunicante apresenta interpretações próprias a respeito de diferentes assuntos, nem sempre condizentes com a orientação espírita. Kardec, contudo, pondera, no item 238:

> Ninguém está obsidiado pelo simples fato de ser enganado por um Espírito mentiroso. O melhor médium se acha exposto a isso, principalmente no começo, quando ainda lhe falta a experiência necessária, do mesmo modo que entre nós as pessoas mais honestas podem ser enganadas por espertalhões. Pode-se, pois, ser enganado, sem estar

obsidiado. A obsessão consiste na tenacidade de um Espírito, do qual a pessoa sobre quem ele atua não consegue desembaraçar-se.

Vale ressaltar que, "na obsessão simples, o médium sabe muito bem que está lidando com um Espírito mentiroso e este não se disfarça, nem dissimula de forma alguma suas más intenções e seu propósito de contrariar. O médium que reconhece a fraude sem dificuldade e, como se mantém vigilante, raramente é enganado" (it. 238). Trata-se de colocações que merecem uma boa dose de reflexão, ou seja, o médium sabe que está sendo enganado, mas é excessivamente tolerante (ou indiferente) às ideias do Espírito, não dando muita importância. Isso não é bom, pois o Espírito passa a assediar cada vez mais, envolvendo a pessoa nas malhas de suas ideias. O médium deve se manter sempre vigilante.

A fascinação é bem mais grave que a obsessão simples, caracterizando-se por "[...] uma ilusão produzida pela ação direta do Espírito sobre o pensamento do médium e que de certa forma paralisa a sua capacidade de julgar as comunicações" (it. 239).

O obsessor age sobre a mente do fascinado, projetando imagens e pensamentos envolventes, hipnotizantes, alimentadores de ideias fixas. A maior dificuldade desse tipo de obsessão é que o indivíduo fascinado "[...] não acredita que esteja sendo enganado; o Espírito tem a arte de lhe inspirar confiança cega, que o impede de ver o embuste e de compreender o absurdo do que escreve [ou do que faz], ainda quando esse absurdo salte aos olhos de todo mundo" (it. 239).

Não é fácil lidar com a fascinação, pois, "[...] para chegar a tais fins, é preciso que o Espírito seja muito esperto, astucioso e profundamente hipócrita, porque só pode enganar e se impor à vítima por meio da máscara que toma e de uma falsa aparência de virtude" (it. 239).

Diante da fascinação, é importante que a pessoa se fortaleça moralmente, imprimindo a si mesmo uma conduta que não aprova falsidades, sempre agindo com correção, a fim de não ser alimentado mentalmente por esse tipo de entidade espiritual. O conhecimento espírita é, também, fundamental, pois ninguém está livre da obsessão.

Para auxiliar a pessoa que se encontra sob fascinação espiritual, é preciso tato, paciência e compaixão, pois "[...] o que o fascinador mais teme são as pessoas que veem com clareza, de modo que a tática deles, quase sempre, consiste em inspirar ao seu intérprete [o obsidiado] o afastamento de quem quer que lhe possa abrir os olhos" (it. 239).

A subjugação é o tipo mais aprofundado da obsessão, manifestada como constrição ou opressão, *moral* ou *corpórea*, "[...] que paralisa a vontade daquele que a sofre e o faz agir contra a sua vontade. Numa palavra, o paciente fica sob um verdadeiro *jugo*" (it. 240).

Nessas condições, é comum requisitar a assistência médica especializada (psiquiatria), uma vez que a pessoa já não tem domínio sobre si mesma, a qual, se associada à assistência espírita, pode-se obter bons resultados.

Na *subjugação moral*, "[...] o subjugado é constrangido a tomar decisões muitas vezes absurdas e comprometedoras que, por uma espécie de ilusão, ele julga sensatas [...]" (it. 240).

Na *subjugação corpórea*, "[...] o Espírito atua sobre os órgãos materiais e provoca movimentos involuntários" (it. 240). "Algumas vezes a subjugação corpórea vai mais longe, podendo levar a vítima aos atos mais ridículos" (it. 240). Os meios de combater a obsessão variam de acordo com o caráter de que ela se reveste" (it. 249) e a capacidade de o obsidiado se libertar do jugo, o que não é fácil, porque "as imperfeições morais do obsidiado constituem, quase sempre, obstáculo à sua libertação" (it. 252). Assim, se a pessoa tem tendência a não desenvolver hábitos de vida saudável, físicos e psíquicos, é fácil associar-se às mentes perturbadas e perturbadoras existentes no Plano Espiritual.

Tal como acontece com as enfermidades físicas, a melhor orientação é investir na prevenção. É sempre melhor prevenir do que remediar. Nesse sentido, o desejável é conduzir a existência com mais harmonia, aprimorando a conduta moral e, ao mesmo tempo, adquirir conhecimento que forneça o esclarecimento necessário.

Se, por outro lado, a pessoa não levou a sério a prevenção, faz-se necessário buscar medidas que neutralizem ou erradiquem a ação espiritual. A Casa Espírita oferece ao obsidiado os recursos do passe, da prece, do esclarecimento doutrinário, da prática do bem; e, ao obsessor, o atendimento nas reuniões mediúnicas. Se necessário, esse apoio pode ser associado à ação de profissionais da área médica e/ou psicológica.

Em linhas gerais, o combate à obsessão simples depende do esforço do obsidiado, que deve "[...] provar ao Espírito que não está iludido por ele e que não lhe será possível enganar; depois, cansar a sua paciência, mostrando-se mais paciente que ele" (it. 249).

Na fascinação, "a única coisa a fazer-se com a vítima é convencê-la de que está sendo ludibriada e reverter a sua obsessão para a obsessão simples. Isso, porém, nem sempre é fácil, para não dizer impossível, algumas vezes" (it. 250).

Na subjugação, "[...] se torna necessária a intervenção de outra pessoa, que atue pelo magnetismo ou pela força de sua própria vontade" (it. 250).

> Em falta do concurso do obsidiado, essa pessoa deve ter predomínio sobre o Espírito; [...] só poderá ser exercido por um ser moralmente superior ao Espírito [...]. É por isso que Jesus tinha grande poder para expulsar os que, naquela época, se chamavam demônios, isto é, os Espíritos obsessores (it. 250).

OBSERVAÇÃO: O assunto "obsessão" foi publicado em *Reformador*, revista da FEB, outubro de 2011.

CAPÍTULO 24: IDENTIDADE DOS ESPÍRITOS

Neste capítulo, a identidade dos Espíritos comunicantes é detalhadamente analisada por Allan Kardec, em 13 itens e 54 respostas, transmitidas pelos Espíritos orientadores da Codificação Espírita. Muitas mistificações e dúvidas a respeito do assunto poderiam ser evitadas se os espíritas, sobretudo os médiuns, estudassem com mais afinco as considerações que constam do capítulo, ainda que o Codificador tenha dito: "A questão da identidade dos Espíritos é uma das mais controvertidas, mesmo entre os adeptos do Espiritismo" (it. 255). É exatamente por isso que deve merecer mais cuidados e ponderações pelo espírita esclarecido:

> De fato, os Espíritos não nos trazem uma carteira de identidade e sabe-se com que facilidade alguns dentre eles tomam nomes que nunca lhes pertenceram. Justamente por isso, esta questão de identidade é, depois da obsessão, uma das maiores dificuldades que apresenta o Espiritismo prático. Todavia, em muitos casos, a identidade absoluta não passa de questão secundária e sem importância real (it. 255).

Seguindo a ordenação dos conteúdos desenvolvidos neste capítulo, percebemos que dois pontos devem ser discriminados: a) possíveis provas de identidade; b) distinção entre bons e maus Espíritos.

1 Possíveis provas de identidade

De forma abrangente, "[...] julgam-se os Espíritos, como os homens, pela sua linguagem. Se um Espírito se apresenta com o nome de Fénelon, por exemplo, e diz trivialidades e puerilidades, está claro que não pode ser ele" (it. 255).

Outras provas podem ser incluídas na identificação do comunicante:

> [...] a semelhança da caligrafia e da assinatura. Mas, além de nem todos os médiuns serem capazes de obter esse resultado, ele não representa, invariavelmente uma garantia suficiente. Há [também] falsários no mundo dos Espíritos [...] (it. 260).

A identificação de Espíritos

> [...] é muito mais fácil de ser comprovada quando se trata de Espíritos contemporâneos, cujos hábitos e características são conhecidos, porque são justamente esses hábitos, de que ainda não tiveram tempo de abandonar, que nos permitem reconhecê-los, constituindo isso um dos sinais mais seguros de identidade (it. 257).

> Enquanto se recusam a responder a perguntas pueris e extravagantes, que qualquer pessoa teria escrúpulos em lhes dirigir, se fossem vivos [encarnados], os Espíritos, por outro lado, não se negam a dar espontaneamente provas irrecusáveis de sua identidade, por seus caracteres, que se revelam na linguagem de que usam, pelo emprego de palavras que lhes eram familiares, pela citação de certos fatos, de particularidades de suas vidas, às vezes desconhecidas dos assistentes e cuja exatidão se pode verificar (it. 258).

> As provas de identidade se destacam, além disso, de um sem-número de circunstâncias imprevistas, que nem sempre se apresentam na primeira ocasião, mas que surgem com a continuação das manifestações. Convém, pois, esperá-las, sem as provocar, observando-se cuidadosamente todas as que possam resultar da natureza das comunicações (it. 258).

Situação diversa ocorre com a identificação de Espíritos que viveram em outras épocas, principalmente os que carecem de referências biográficas: "A identidade dos Espíritos das personagens antigas é a mais difícil de se conseguir, tornando-se muitas vezes impossível mesmo, de modo que ficamos limitados a uma apreciação puramente moral" (it. 255).

2 Distinção entre bons e maus Espíritos

A identidade dos Espíritos pode ser revelada, todavia, mais como aspecto secundário, sobretudo quando nos são transmitidas "[...]

instruções gerais, pois os melhores Espíritos podem substituir-se mutuamente, sem maiores consequências" (it. 256).

> Os Espíritos superiores formam, por assim dizer, um todo coletivo, cujas individualidades nos são, com raras exceções, completamente desconhecidas. O que nos interessa não é a pessoa deles, mas o ensino que nos proporcionam. Ora, se o ensino é bom, pouco importa que aquele que o deu se chame Pedro ou Paulo. Devemos julgá-lo pela sua qualidade e não pelas suas insígnias (it. 256).

Importa considerar também que,

> À medida que os Espíritos se purificam e se elevam na hierarquia, as características distintivas de suas personalidades se apagam, de certo modo, na uniformidade da perfeição; nem por isso, entretanto, deixam de conservar as suas individualidades (it. 256).

Tais condições nos fazem ver quanto é importante saber distinguir os bons Espíritos dos que ainda assinalam atraso espiritual.

> Os Espíritos realmente superiores não apenas só dizem coisas boas, como também as dizem em termos que excluem, de modo absoluto, qualquer trivialidade. Por melhores que sejam essas coisas, se forem manchadas por uma única expressão que denote baixeza, isto constitui um sinal indubitável de inferioridade, principalmente se o conjunto da comunicação chocar as conveniências pela sua grosseria (it. 263).

> A linguagem revela sempre a sua origem, seja pelos pensamentos que traduz, seja pela forma, de modo que se um Espírito quiser iludir-nos sobre a sua pretensa superioridade, bastará conversarmos algum tempo com ele para a apreciarmos (it. 263).

Há mais: "A bondade e a benevolência são atributos essenciais dos Espíritos depurados" (it. 264). Não revelam mágoas nem ódio; são solidários e gentis; lamentam as fraquezas humanas; só querem o Bem e só dizem coisas boas, instrutivas (it. 264).

Por outro lado, é preciso cautela na análise de mensagens provenientes de Espíritos que demonstram possuir grandes conhecimentos:

> A inteligência está longe de constituir um sinal seguro de superioridade, porque a inteligência e a moral nem sempre andam juntas.

Um Espírito pode ser bom, afável, e ter conhecimentos limitados, ao passo que outro, inteligente e instruído, pode ser inferior em moralidade (it. 265).

Os itens 267 e 268 complementam este estudo, pois trazem uma síntese dos meios para reconhecer as qualidades e a natureza dos Espíritos comunicantes. Sugerimos a leitura atenta. Todavia, destacamos que é preciso ter muito cuidado quanto às informações e teorias transmitidas por Espíritos de pouca ou de mediana evolução, os quais, a despeito de não serem necessariamente maus, ainda não desenvolveram as qualidades dos bons Espíritos: as suas ideias devem ser consideradas, então, mera opinião, jamais verdade absoluta, como esclarece São Luís, prudentemente:

> Qualquer que seja a confiança legítima que vos inspirem os Espíritos que presidem aos vossos trabalhos, há uma recomendação que nunca seria demais repetir e que deveríeis ter presente sempre na vossa lembrança, quando vos entregais aos vossos estudos: é a de pesar, meditar e submeter ao controle da razão mais severa todas as comunicações que receberdes; é a de não deixardes de pedir as explicações necessárias, a fim de que possais formar uma opinião segura, toda vez que um ponto vos pareça suspeito, duvidoso ou obscuro (it. 266).

CAPÍTULO 25: EVOCAÇÕES (1)

"Os Espíritos podem comunicar-se espontaneamente, ou atender ao nosso apelo, isto é, comparecer por meio de evocação [...]" (it. 269) à reunião mediúnica. À época de Kardec, em que a Codificação Espírita estava se organizando, a evocação era a forma mais comum, pois o objetivo da reunião mediúnica era, fundamentalmente, conhecer a realidade da vida no Plano Espiritual e as consequências das ações dos homens após a desencarnação, a fim de melhor interpretar o fenômeno mediúnico. Posteriormente, com a consolidação da Doutrina Espírita, o intercâmbio mediúnico passou a ser rotineiramente estabelecido nas casas espíritas, de forma que a evocação só muito raramente é realizada, deixando-se a critério da equipe espiritual, que coordena a reunião mediúnica no plano extrafísico, a seleção dos Espíritos que se manifestarão. O que é justo, visto que a reunião mediúnica apresenta condições eminentemente educativas e instrutivas, cujo planejamento é delineado pelos orientadores do Mundo Maior.

1 Evocações: considerações gerais

A evocação dos Espíritos oferece prós e contras que precisam ser avaliados com bom senso. Afirma Kardec:

> Cada uma dessas duas maneiras de agir tem suas vantagens e só haveria desvantagem se uma delas fosse excluída de modo absoluto. As comunicações espontâneas não apresentam qualquer inconveniente, desde que se tenha domínio sobre os Espíritos e não se permita que os maus tomem a dianteira. [...] O exame escrupuloso, que temos aconselhado é, aliás, uma garantia sobre as comunicações más (it. 269).

Contudo, quando há necessidade premente, pode-se evocar um Espírito, que comparecerá ou não à reunião. É preciso explicar que, em geral, a evocação se faz por meio de uma prece, dirigida diretamente a determinado Espírito (it. 269).

> Muitas vezes é surpreendente a rapidez com que um Espírito evocado se apresenta, mesmo da primeira vez. É como se já estivesse prevenido de que seria evocado e, de fato, é isso mesmo que acontece, quando aquele que o evoca já tinha previamente a intenção de fazê-lo. Essa intenção, ou preocupação é uma espécie de evocação antecipada [...] (it. 271).

Outro ponto a considerar a respeito das evocações:

> Frequentemente, as evocações oferecem mais dificuldades aos médiuns do que os ditados espontâneos, sobretudo quando se trata de obter respostas precisas a questões pormenorizadas. Para isto, são necessários médiuns especiais, ao mesmo tempo *flexíveis* e *positivos*, médiuns bastante raros, como já vimos [...] (it. 272).

Kardec orienta-nos também:

> Geralmente, os médiuns são muito mais procurados para as evocações de interesse particular do que para comunicações de interesse geral. Isto se explica pelo desejo muito natural que todos têm de conversar com os entes que lhes são caros. A propósito, julgamos por bem fazer algumas recomendações importantes aos médiuns. Primeiramente que não atendam a esse desejo, senão com muita reserva, caso se trate de pessoas de cuja sinceridade eles não estejam completamente seguros, e que se acautelem contra as armadilhas que pessoas malfazejas lhes possam preparar. Em segundo lugar, que não se prestem a tais evocações sob nenhum pretexto, se só perceberem motivo de curiosidade ou de interesse, e não uma intenção séria da parte do evocador [...] (it. 273).

Caracterizando-se a necessidade da evocação, "[...] o evocador deve tocar franca e abertamente o ponto visado, sem subterfúgios e sem rodeios inúteis. Se tiver receio de explicar-se, será melhor que se abstenha" (it. 273). "Convém ainda que só se façam evocações com muita prudência [...]. O médium, em suma, deve evitar tudo o que possa transformá-lo em agente de consulta, o que, aos olhos de muita gente, é sinônimo de ledor de sorte" (it. 273).

2 Espíritos que se podem evocar

Segundo Kardec, todos os Espíritos são passíveis de serem evocados: bons e maus, os recém-chegados ao Plano Espiritual ou os que ali se encontram há tempos etc.

> Isto, porém, não quer dizer que eles sempre queiram ou possam responder ao nosso chamado. Independente da própria vontade, ou da permissão de uma potência superior, que lhes pode ser recusada, é possível que eles se achem impedidos de comparecer por motivos que nem sempre nos é dado conhecer (it. 274).

Importa também destacar:

> Entre as causas que podem impedir a manifestação de um Espírito, umas lhe são pessoais e outras, estranhas. Entre as primeiras, devemos colocar as ocupações ou as missões que ele esteja desempenhando e das quais não pode afastar-se, para ceder aos nossos desejos. [...] Há também a sua própria situação. Embora o estado de encarnação não seja obstáculo absoluto, pode representar um impedimento em certas ocasiões [...] (it. 275).

Há outras causas que impedem ou dificultam a evocação dos Espíritos:

> As causas [...] residem principalmente na natureza do médium, no caráter da pessoa que evoca, no meio em que se faz a evocação e, finalmente, no objetivo que se tem em vista. Alguns médiuns recebem mais particularmente comunicações de seus Espíritos familiares, que podem ser mais ou menos elevados; outros se mostram aptos a servir de intermediários a todos os Espíritos [...] (it. 275).

> Isto também depende, abstração feita das qualidades íntimas do médium, do desenvolvimento da faculdade mediúnica. Os Espíritos se apresentam com maior boa vontade e, sobretudo, são mais explícitos com um médium que não lhes oferece nenhum obstáculo material. Aliás, em igualdade de condições morais, quanto mais facilidade tenha o médium para escrever ou se exprimir, tanto mais se generalizam suas relações com o mundo espiritual (it. 275).

O Codificador pondera, igualmente: "Precisamos ainda levar em conta a facilidade que deve resultar do hábito de comunicação com tal ou qual Espírito. [...] O Espírito que vem habitualmente está como em sua casa: fica familiarizado com seus ouvintes e intérpretes, fala e age com mais liberdade" (it. 276).

Uma condição de suma importância diz respeito à evocação de Espíritos ainda muito imperfeitos:

> Uma questão importante se apresenta aqui, a de saber se há ou não inconveniente em evocar Espíritos maus. Isto depende do fim que se tenha em vista e da ascendência que se possa exercer sobre eles. Não há inconveniente quando são chamados com um fim sério, instrutivo e tendo em vista melhorá-los. Ao contrário, o inconveniente é muito grande quando se faz a evocação por simples curiosidade ou por divertimento, ou, ainda, quando quem os chama se põe na dependência deles, pedindo-lhes um serviço qualquer (it. 278).

A manifestação de Espíritos que revelam forte inclinação para o mal deve ser cercada de cuidados extras. O grupo mediúnico deve, efetivamente, revelar condições de neutralizar a influência inferior e estar cercado por benfeitores espirituais. Nunca é demais lembrar:

> Ninguém exerce ascendência sobre os Espíritos inferiores, a não ser pela *superioridade moral*. Os Espíritos perversos sentem que os homens de bem os dominam. Contra quem só lhes oponha a energia da vontade, espécie de força bruta, eles lutam e muitas vezes são os mais fortes (it. 279).

Ainda que o evocador use o nome de Deus para evocar um Espírito mau, Kardec aconselha com sabedoria:

> O nome de Deus só tem influência sobre os Espíritos imperfeitos quando proferido por alguém que possa servir-se dele com autoridade, em razão das virtudes que possua. Pronunciado por quem não tenha superioridade, é uma palavra como qualquer outra. O mesmo se dá com as coisas santas com que se procure dominá-los. A arma mais terrível se torna inofensiva em mãos inábeis ou incapazes de manejá-la (it. 279).

3 Evocações (2)

No capítulo 24 — "Identidade dos Espíritos" —, estudamos que, pela linguagem dos Espíritos comunicantes, podemos caracterizar seu nível evolutivo. Para tanto, deve o estudioso conhecer a escala espírita, sugerida por Allan Kardec em *O livro dos espíritos*, questões 100 a 113. Independentemente de os Espíritos serem evocados ou se manifestarem espontaneamente em uma reunião mediúnica, podemos, a rigor, classificá-los em três grandes grupos: o dos Espíritos Superiores, os de mediana evolução e os inferiores.

4 Linguagem a ser usada com os Espíritos

De acordo com o grau de superioridade ou inferioridade da linguagem utilizada pelos comunicantes espirituais, aprendemos como dialogar com eles. "É evidente que, quanto mais elevados eles sejam, tanto mais direito têm ao nosso respeito, às nossas atenções e à nossa submissão. Não lhes devemos demonstrar menos deferência do que o faríamos, embora por outros motivos, caso estivessem vivos [encarnados]" (it. 280).

No plano físico, "[...] levaríamos em consideração a categoria e a posição social que eles ocupam; no mundo dos Espíritos, só levaremos em conta a sua superioridade moral. [...] Não é com palavras que se pode captar a benevolência deles, mas pela sinceridade dos sentimentos. Seria, pois, ridículo dar-lhes os títulos que os nossos usos consagram [...]" (it. 280) e mais:

> Quanto aos Espíritos inferiores, o caráter que revelam nos indica a linguagem de que devemos usar para com eles. Há os que, embora inofensivos e até bondosos, são levianos, ignorantes, estouvados. [...] O tom de familiaridade não seria descabido entre eles, que por isso não se melindram; ao contrário, acolhem-no de muita boa vontade (it. 280).

> Entre os Espíritos inferiores, muitos são infelizes. Quaisquer que sejam as faltas que estejam expiando, seus sofrimentos merecem ainda mais a nossa comiseração, pois é certo que ninguém pode vangloriar-se de escapar a estas palavras do Cristo: "Atire a primeira pedra aquele que estiver sem pecado". A benevolência com que os tratamos é um alívio para eles. Em falta de simpatia, precisam encontrar em nós a indulgência que desejaríamos que tivessem para conosco (it. 280).

> Os Espíritos que revelam a sua inferioridade pelo cinismo da linguagem, pelas maneiras, pela baixeza dos sentimentos, pela perfídia dos

conselhos, são, indubitavelmente, menos dignos do nosso interesse, do que aqueles cujas palavras atestam o seu arrependimento; mas, pelo menos, devemos-lhe a piedade que nos inspiram os maiores criminosos (it. 280).

5 Utilidade das evocações particulares

As evocações ou manifestações espontâneas de Espíritos Superiores são de inestimável valor porque nos instruem e nos estimulam à prática do Bem. Daí a importância de os grupos mediúnicos se esforçarem para realizar reuniões não somente sérias, mas também instrutivas. E para que tal aconteça, é preciso contar com a presença e manifestação de Espíritos esclarecidos (it. 281).

Podemos também aprender muito com Espíritos de ordem menos elevada, que nos revelam certas características do mundo espiritual, como vivem, o sofrimento por que passam, decorrente do mau uso do livre-arbítrio, e como atuam no nosso plano de vida. Dessa forma, adquirimos condições para podermos neutralizar suas influências negativas e auxiliá-los (it. 281).

6 Perguntas sobre evocações

OBSERVAÇÃO: Sintetizaremos aqui o item 282 e seus 35 subitens para fundamentarmos o assunto proposto. No entanto, sugerimos que sejam também estudados os itens 283 a 285.

Qualquer pessoa pode evocar Espíritos, o que não significa que será atendida, pois nem todos os Espíritos apresentam condições propícias à manifestação: o Espírito pode não querer comunicar-se, pode estar encarnado e sem condições para se comunicar (por condições individuais específicas ou porque encontra-se sob provações dolorosas), pode não ter permissão do seu Espírito protetor, pode estar vivendo em mundos/regiões muito inferiores que dificultam o seu deslocamento, etc. (subit. 3).

Todos os Espíritos evocados recebem o pensamento e as emoções de quem o evocou, seja diretamente, seja por meio de um intermediário.

O fluido cósmico universal é o veículo que conduz o pensamento. "O Espírito, no espaço, é como o viajante que, em meio de vasta planície, ouvindo pronunciar o seu nome, se dirige para o lado de onde o chamam" (subit. 5-a).

Quando há sentimentos nobres envolvidos na evocação, como de simpatia e bondade, o Espírito é mais profundamente tocado, pois "[...] é como se reconhecesse uma voz amiga [...]" (subit. 7), procurando atender ao chamamento, por si mesmo ou por intermediários.

Os Espíritos mais inferiores só prejudicam ou dominam o evocador se este estabelecer sintonia moral com eles. Entretanto, "[...] os médiuns, sobretudo os que se iniciam na tarefa, devem abster-se de tais evocações" (subit. 11).

Não há regra nem rituais, disposições ou simbolismos para evocar um Espírito. O hábito de dar as mãos não exerce qualquer influência, da mesma forma o uso de medalhas, talismãs etc.: são inúteis. O mais importante é a força do pensamento que favorece a sintonia mental.

Basta fazer a evocação mentalmente, mas a fé em Deus é de grande auxílio, permitindo aos bons Espíritos localizarem quem foi evocado e se colocarem como intermediários, caso o evocado não possa comunicar-se.

Um grupo de pessoas tem mais força que um indivíduo só, pois forma uma comunhão de pensamentos, mas o recolhimento, as boas vibrações e a prece são tão úteis quanto necessárias às evocações.

É preciso muito cuidado com Espíritos levianos e com os maus que usam de artifícios para atrair os incautos, marcando, por exemplo, encontros em locais lúgubres ou em horas inconvenientes. Os maus Espíritos não são confiáveis, em princípio, pois sempre querem tirar algum proveito da evocação. Em geral, revelam dificuldades de se afastarem do médium ou do grupo, terminada a comunicação. Os médiuns e o grupo mediúnico devem apresentar muito equilíbrio para atender a esses Espíritos.

Às vezes, a evocação pode ser penosa para o evocado, sobretudo quando não têm condições de se manifestar ou porque não gostariam de falar das dificuldades/sofrimentos por que passam.

Vários Espíritos podem se manifestar ao mesmo tempo por meio de um intermediário que transmite o pensamento do grupo.

Um Espírito Superior evocado pode manifestar-se em locais simultâneos. Isso ocorre de duas formas principais: a) a mais comum é o envio de alguém da sua equipe, que se manifestará em seu nome, representando-o; b) o Espírito de ordem elevada emite irradiação do seu pensamento, a distância, que é captada, ao mesmo tempo, por médiuns situados em diferentes grupos e locais. Essa faculdade de irradiação é denominada *ubiquidade*, ou seja, é a capacidade de se manifestar mentalmente, irradiando o pensamento, como o Sol irradia por toda parte os seus raios, projetando a sua imagem, pensamentos e sentimentos, a distância (subit. 30 e 30-a).

Após a morte do corpo, o tempo para manifestação de um Espírito é variável, pois depende do nível de evolução moral-intelectual, especialmente do grau de desprendimento das coisas materiais e de outras circunstâncias, por exemplo, encontrar um médium propício (Veja em *O céu e o inferno*, 2ª parte, cap. 1: "A passagem", ou "O passamento").

Há momentos que são especialmente difíceis para o Espírito se manifestar. O mais comum é o momento da desencarnação. Somente Espíritos mais desprendidos da influência material podem fazê-lo sem maiores sofrimentos. Assemelha-se a acordar alguém que estivesse em sono profundo.

É possível que um Espírito desencarnado na infância se manifeste, mas não é comum, pois, tanto aqui quanto no Plano Espiritual, a criança deve ser cercada de cuidados. No mundo espiritual, há organizações especializadas em atendimento a Espíritos que desencarnam na infância e lhes prestam toda assistência, até que o seu perispírito retorne à forma adulta. "Entretanto, até que se ache completamente desligado da matéria, [o Espírito da criança] pode conservar, na linguagem, alguns traços do caráter da criança" (subit. 35).

Importa considerar que algumas formas de mediunismo sugerem a manifestação de crianças. É preciso analisar com bom senso e conhecimento doutrinário espírita: há Espíritos levianos e mistificadores que se comprazem em enganar os encarnados, imitando comunicação de crianças. Outras vezes, a criança, que ainda não adquiriu a forma perispiritual adulta, pode estar presente à reunião mediúnica e falar por meio de um Espírito que lhe serve de intermediário. É excepcional a comunicação de um Espírito de criança, pois os cuidados mentais, perispirituais e fluídicos, sem falar nos de natureza emocional, exigem medidas especialíssimas.

Os Espíritos puros, isto é, os que não precisam mais reencarnar em determinado planeta — pois só reencarnam se quiserem e, em geral, para cumprir missão específica de melhoria da Humanidade —, podem ser evocados, "[...] mas muito raramente atenderão. Eles só se comunicam com os homens de coração puro e sincero [...]" (subit. 31). Daí por que todo cuidado é pouco em relação a mensagens subscritas com o nome de Jesus, Ismael etc. Os Espíritos puros utilizam, comumente, intermediários bem qualificados, em conhecimento e moralidade, para se comunicarem.

RESUMO DE *O LIVRO DOS MÉDIUNS* – PARTE 2 MANIFESTAÇÕES ESPÍRITAS

CAPÍTULO 26: PERGUNTAS QUE SE PODEM FAZER AOS ESPÍRITOS (1)

Em dez itens, Allan Kardec menciona neste capítulo que é perfeitamente possível endereçar perguntas aos Espíritos comunicantes, orientando-nos como obter respostas confiáveis, considerando os diferentes níveis evolutivos dos habitantes do Além e as possibilidades do médium. Em outras palavras: as boas e inteligentes respostas estão diretamente relacionadas à qualidade das perguntas, ainda que existam espíritas que acreditam que jamais se deve dirigir perguntas aos Espíritos. Eis o esclarecimento:

> É um erro. Os Espíritos, indubitavelmente, dão instruções espontâneas de elevado alcance, que não se pode desprezar. Mas há explicações que teríamos de esperar longo tempo, se não fossem solicitadas. [...] As questões, longe de terem qualquer inconveniente, são de grandíssima utilidade, do ponto de vista da instrução, quando quem as propõe sabe encerrá-las nos devidos limites. Têm ainda outra vantagem: a de concorrerem para desmascarar os Espíritos mistificadores que, mais pretensiosos do que sábios, raramente suportam a prova das perguntas feitas com cerrada lógica [...] (it. 287).

À época de Kardec, as perguntas representaram a matéria-prima para a construção da Codificação Espírita. Hoje, elas já não são tão necessárias, exceto durante o diálogo com o Espírito comunicante, a fim de obter subsídios para o atendimento ao Espírito sofredor, ou para ser mais bem esclarecido pelos orientadores espirituais.

1 Como fazer perguntas aos Espíritos

    a) Revestir-se de cuidados para não serem ludribiados por Espíritos enganadores;

b) Considerar a natureza e a (boa) finalidade das perguntas, assim como a sua forma e conteúdo.

Quanto à forma, as perguntas devem apresentar clareza e objetividade (sem dubiedade), anunciadas com calma e paciência. Devem seguir uma ordenação, com encadeamento lógico, partindo-se do simples para o complexo; preparadas antecipadamente, mas sem o prejuízo das que podem ser elaboradas espontaneamente, consequência natural do esclarecimento do assunto.

Quanto ao conteúdo, devem ser observados cuidados especiais, a fim de não receber informações falsas, incompletas ou dúbias. As perguntas devem ser sempre revestidas de seriedade, despidas de futilidades e/ou simples curiosidade; serão igualmente simples, objetivas, atenciosas, expressas em linguagem elevada e gentil (it. 286).

2 Perguntas simpáticas ou antipáticas aos Espíritos

Os Espíritos sérios só respondem às indagações sérias, voltadas para o Bem, e não consideram as fúteis. A seriedade e a confiabilidade da resposta dependem da natureza da pergunta. Há Espíritos que opinam sobre tudo, fornecendo informações equivocadas ou interpretações pessoais. Os Espíritos mais imperfeitos afastam-se de perguntas que possam desmascarar sua ignorância ou más intenções. As respostas refletem, sempre, o nível de saber e de moralidade (it. 288, subit. 1 a 6).

3 Perguntas sobre o futuro

Esse gênero de pergunta é a mais passível de enganos e mentiras, deliberadamente respondidas por Espíritos que adoram dar palpites e zombar da credulidade dos encarnados.

Ainda que seja possível prever acontecimentos, seja pela forma de pensar e agir de uma pessoa, não se pode esquecer de que os fatos podem ser modificados segundo as circunstâncias e, principalmente, pelo uso do livre-arbítrio. O máximo de cuidado deve ser dado a esse tema. Contudo, há coisas que podem ser reveladas porque apresentam um maior grau de certeza. Mesmo assim, os Espíritos sérios o fazem quando julgarem imprescindível e para um fim útil, que atendam à coletividade, assim mesmo em caráter de excepcionalidade.

Nesse sentido, quando os orientadores espirituais fazem previsões, estas apresentam características gerais, evitando datas ou outros detalhes. Tratam da questão como um provável acontecimento (it. 289, subit. 7 a 10).

> A Providência pôs limites às revelações que podem ser feitas ao homem. Os Espíritos sérios guardam silêncio sobre tudo o que lhes é proibido revelar. Quem insiste por uma resposta se expõe aos embustes dos Espíritos inferiores, sempre prontos a se aproveitarem das ocasiões que tenham para explorar a vossa credulidade (it. 289, subit. 11).

Há pessoas que têm capacidade anímica de sair do corpo e ver acontecimentos futuros, no entanto essa percepção é sempre relativa porque está vinculada à capacidade interpretativa do indivíduo, que pode ser falha. Informações sobre o dia e a hora da desencarnação devem ser vistas com cautela. Até porque, em condições de normalidade, é comum a pessoa pressentir o momento, pois é preparada pelos Benfeitores, nos momentos do sono quando se encontram com eles e travam diálogo mais próximo. Mesmo assim, os Espíritos orientadores só permitem que a pessoa tenha esse tipo de pressentimento caso esteja preparada emocionalmente e encare a situação com tranquilidade (it. 289, subit. 12 a 14).

4 Perguntas sobre as existências passadas e futuras

Informações sobre reencarnações anteriores, confiáveis ou não, são corriqueiras no meio espírita e partem de duas fontes principais: a) lembranças nebulosas ou claras; b) informações falsas ou verdadeiras, transmitidas por Espíritos.

A dificuldade está em separar o trigo do joio, haja vista que os Espíritos levianos se divertem com a credulidade de certos confrades. Outros Espíritos fazem revelações de acontecimentos passados, em geral verdadeiras, mas para se impor ao encarnado, em processo obsessivo (it. 290, subit. 15-a).

A melhor atitude é restringir qualquer informação com objetivo "de mera informação", ainda que, supostamente, tenha sido transmitida por um Benfeitor espiritual. Os orientadores espirituais, quando fazem revelações de vidas passadas, ponderam sobre a nossa edificação e instrução, cujas informações são "[...] quase sempre feitas espontaneamente e de modo inteiramente imprevisto [...]. [Deus] porém, jamais o permite para satisfação de vã curiosidade" (it. 290, subit. 15).

Devemos, em geral, suspeitar de revelação sobre futuras existências, pois estas estão, necessariamente, atreladas ao nosso livre-arbítrio e às interferências externas, de pessoas e de acontecimentos. Consequentemente, às manifestações da Lei de Causa e Efeito. Eis o esclarecimento de um orientador espiritual a respeito da informação sobre reencarnações futuras:

> Entretanto, saber onde e como transcorrerá essa existência, repetimos, é impossível, salvo o caso especial e raro dos Espíritos que só estão na Terra para desempenhar uma missão importante, porque então o caminho deles se acha, de certo modo, traçado previamente (it. 290, subit. 16).

5 Perguntas que se podem fazer aos Espíritos (2)

5.1 Perguntas sobre interesses morais e materiais

Os bons Espíritos, assevera Alan Kardec, jamais se recusam a esclarecer ideias ou dúvidas, suscitadas por suas informações, ou a dar conselhos que lhes foram solicitados. Recusam, sim, atender quando percebem que não há um interesse sincero, mas segundas intenções ou frivolidades: "[...] repelem os hipócritas, *os que simulam pedir a luz e se comprazem nas trevas*" (it. 291, subit. 17, grifos do original).

Os Espíritos podem, inclusive, opinar sobre assuntos particulares. A esse respeito, porém, é preciso agir com muita prudência, pois sempre há Espíritos dispostos a dar opinião sem medir as consequências, sem se importarem se o que dizem é falso ou verdadeiro, ou irresponsavelmente fazem-se passar por uma entidade superior. Outro ponto não menos importante é que as respostas dependem

> [...] daqueles a quem tais conselhos são pedidos. Os conselhos que se relacionam com a vida privada são dados com mais exatidão pelos

> Espíritos familiares, que são os que se acham mais ligados à pessoa que os pede e por ela se interessam; é o amigo, o confidente dos vossos mais secretos pensamentos (it. 291, subit. 18).

Contudo, jamais se deve esquecer de que um Espírito familiar ou amigo pode não ter grande conhecimento e transmite respostas limitas ou incompletas:

> É preciso também que leveis em conta as qualidades do Espírito familiar, que pode ser bom ou mau, conforme sua simpatia à pessoa a quem se ligue. O Espírito familiar de um homem mau é um Espírito mau, cujos conselhos podem ser perniciosos, mas que se afasta e cede o lugar a um Espírito melhor, desde que o próprio homem se melhore. O semelhante atrai o semelhante (it. 291, subit. 18).

Outra incoerência, infelizmente não tão incomum, diz respeito a "[...] fazerdes perguntas sobre coisas íntimas a Espíritos que vos são estranhos, como seria vos dirigirdes, para isso, ao primeiro indivíduo que surgisse no vosso caminho. Jamais devereis esquecer que a puerilidade das perguntas é incompatível com a superioridade dos Espíritos" (it. 291, subit. 18).

Os Espíritos familiares podem opinar sobre muitas coisas, inclusive sobre assuntos de interesse material. Isso não significa que suas opiniões sejam verdadeiras. Sobre o assunto, esclarecem os orientadores espirituais:

> Sabei também que, se fizer parte da vossa prova que passeis por tal ou qual vicissitude, os vossos Espíritos protetores poderão ajudar-vos a suportá-la com mais resignação e, algumas vezes, até mesmo suavizá-las. Mas, no próprio interesse do vosso futuro, não lhes é permitido livrar-vos das vossas dificuldades. É por isso que um bom pai não concede ao filho tudo o que este deseja (it. 291, subit. 19).

Kardec informa como os Espíritos benfeitores procedem quando desejam nos auxiliar:

> Os nossos Espíritos protetores podem, em muitas circunstâncias, indicar-nos o melhor caminho, sem, entretanto, nos conduzirem pela mão; a não ser assim, perderíamos o mérito da iniciativa e não ousaríamos dar um passo sem recorrer a eles, com prejuízo do nosso aperfeiçoamento. Muitas vezes, para progredir, o homem precisa adquirir experiência à

sua própria custa. É por isso que os Espíritos sábios nos aconselham, embora quase sempre nos deixem entregues às nossas próprias forças, como faz o educador hábil com seus alunos. Nas circunstâncias comuns da vida, eles nos aconselham pela inspiração, deixando-nos assim todo o mérito do bem que façamos, como toda a responsabilidade do mal que pratiquemos (it. 291, subit. 19, Observação).

Este outro destaque feito pelo Codificador é de grande relevância:

> Seria abusar da condescendência dos Espíritos familiares e equivocar-se quanto à missão que lhes cabe desempenhar o fato de os interrogarmos a cada instante sobre as coisas mais vulgares, como o fazem certos médiuns. [...] Esta mania denota pequenez nas ideias e, ao mesmo tempo, a presunção de supor, quem quer que seja, que tem sempre um Espírito serviçal às suas ordens, sem outra coisa mais a fazer senão cuidar dele e dos seus mínimos interesses (it. 291, subit. 19, Observação).

O encarnado deve conduzir sua vida com correção, inclusive no que diz respeito a negócios e heranças, a fim de amenizar a vida dos parentes que ficaram no plano físico: "Aliás, os embaraços em que às vezes a morte de uma pessoa deixa seus herdeiros, fazem parte das provas da vida, não cabendo a nenhum Espírito o poder de libertar-vos delas, porque essas dificuldades se acham compreendidas nos decretos de Deus" (it. 291, subit. 20) Mas, "[...] no interesse da justiça e das pessoas que lhes são caras, um Espírito pode julgar conveniente fazer-lhes revelações deste gênero, ele as fará espontaneamente [...]" (it. 291, subit. 20, 23 e 23-a, Observação).

5.2 Perguntas sobre a sorte dos Espíritos

Trata-se do tipo de solicitação mais comum dos que chegam à Casa Espírita. Em geral, os benfeitores espirituais "[...] prestam de boa vontade, quando o pedido é ditado pela simpatia e pelo desejo de ser útil, e não pela curiosidade" (it. 292, subit. 21).

Não menos comum são as mensagens de familiares e amigos que nos transmitem o estado de sofrimento que vivem ou viveram, resultado da vida que levaram, a fim de alertar os que permanecem reencarnados (it. 292, subit. 22). Recomendamos a leitura, como ilustração do tema, o ensinamento de Jesus, registrado por Lucas (16:19 a 31), que trata da *Parábola do homem rico* e de *Lázaro, o mendigo*. Por outro lado, as descrições que os bons Espíritos fazem a respeito das regiões de paz e alegria, existentes no Plano Espiritual, ou mesmo das de sofrimento e tristeza, é para nos esclarecer, auxiliando-nos a tomar boas resoluções na vida durante a reencarnação e, dessa forma, sermos mais felizes no futuro (it. 292, subit. 22).

5.3 Perguntas sobre a saúde

Os Espíritos esclarecidos, usualmente, aconselham como e por que motivo é importante preservar a saúde do corpo: "A saúde é uma condição necessária para o trabalho que se deve executar na Terra [...]" (it. 293, subit. 24). É bom lembrar que uma celebridade médica, a exemplo da que viveu entre nós, nem sempre assume esse papel após a reencarnação. Passa a ver as coisas em outro contexto. Pode até admitir que muitas das suas ideias, relativas a tratamentos, medidas preventivas etc., eram equivocadas (it. 293, subit. 25-27).

5.4 Perguntas sobre as invenções e descobertas

Os Espíritos Superiores podem inspirar os homens dedicados à ciência, às artes, à tecnologia etc. sem jamais apresentar-lhes respostas prontas, sabedores de que estas são obtidas "[...] pelo trabalho, pois é somente pelo trabalho que o homem se adianta no seu caminho. [...] Além disso, ainda há outra consideração a fazer: cada coisa tem que vir a seu tempo e apenas quando as ideias estão maduras para a receber." No momento propício, os Espíritos tutelares da Humanidade naturalmente encaminharão os homens à realização de feitos impulsionadores do progresso (it. 294, subit. 28-29).

5.5 Perguntas sobre os tesouros ocultos

Os Espíritos Superiores não se ocupam de tais cogitações. Estas são, sim, as com que os Espíritos brincalhões mais se comprazem. Há outro fator que merece ser considerado:

> Os Espíritos que ainda não estão desmaterializados se apegam às coisas. Avarentos, que esconderam seus tesouros, podem ainda, depois

de mortos, vigiá-los e guardá-los; e o temor em que vivem, de que alguém os venha arrebatar, constitui um dos seus castigos, até que compreendam a inutilidade dessa atitude" (it. 295, subit. 31).

Contudo, há Espíritos que, percebendo o apego de encarnados aos bens materiais, os enganam e os colocam em situações as mais bizarras e ridículas. "Se a Providência destina tesouros ocultos a alguém, esse os achará naturalmente, de outra forma, não" (it. 295, subit. 30-31).

5.6 Perguntas sobre outros mundos

Trata-se de um assunto que merece boa dose de reflexão. Temos notícias da existência de mundos habitados que foram transmitidas por Espíritos e médiuns respeitáveis, cujas considerações, ainda que não encontrem concordância com os achados científicos, não devem ser desprezadas. Informam os orientadores da Codificação: "Muitas vezes, formulais questões científicas sobre esses mundos, que tais Espíritos não podem resolver" (it. 296, subit. 32).

> Se estiverem de boa-fé, falarão disso de acordo com suas ideias pessoais; se forem Espíritos levianos, divertir-se-ão em vos dar descrições estranhas e fantásticas, considerando-se que, na erraticidade, esses Espíritos são providos de tanta imaginação como na Terra, tirando dessa faculdade a narração de muitas coisas que nada têm de real. Entretanto, não julgueis absolutamente impossível obterdes alguns esclarecimentos sobre outros mundos. Os Espíritos bons se comprazem mesmo em vos descrever os orbes que eles habitam, a fim de vos servir de ensino, tendo em vista o vosso melhoramento, e para vos estimular a seguir o caminho que vos conduzirá a esses mundos. É um meio de vos fixarem as ideias sobre o futuro e não vos deixarem na incerteza (it. 296, subit. 32).

Um bom critério para avaliar a veracidade das informações é checar o nível de concordância que há nas descrições transmitidas pelos Espíritos, o que nem sempre é fácil. Outro ponto incontestável, ensinam os Espíritos orientadores, é verificar se "[...] semelhantes descrições têm por fim o vosso melhoramento moral e que, por conseguinte, é sobre o estado moral dos habitantes dos outros mundos que podeis ser mais bem informados, e não sobre o estado físico ou geológico desses globos" (it. 296, subit. 32-a).

CAPÍTULO 27: CONTRADIÇÕES E MISTIFICAÇÕES

Os dois assuntos analisados neste capítulo já não causam tanto impacto como ocorria no século XIX, época do surgimento da Doutrina Espírita. Primeiro, porque os espíritas passaram a compreender que as contradições, relacionadas à interpretação do fenômeno mediúnico e das manifestações dos Espíritos, dependem do nível de entendimento que cada pessoa tem sobre o assunto. Quanto às mistificações, elas ainda existem praticadas consciente ou inconscientemente por iniciativa dos Espíritos embusteiros e mistificadores ou por médiuns.

O estudo regular e sério do Espiritismo tem reduzido bastante ambos os assuntos, o que nos leva à conclusão de que as contradições se vinculam à ausência ou escassez de conhecimento, sobretudo o doutrinário, e as mistificações apontam para problemas de ordem moral.

1 As contradições

O fato de os adeptos do Espiritismo não concordarem entre si quanto ao ensino espírita, inclusive às manifestações mediúnicas, não constitui, em si, um problema.

> Apressemo-nos em dizer desde logo que essas contradições, de que algumas pessoas fazem grande alarde, são, em regra, mais aparentes do que reais; que elas quase sempre existem mais na superfície do que no fundo mesmo das coisas e que, por conseguinte, não têm importância. As contradições provêm de duas fontes: dos homens [encarnados] e dos Espíritos [desencarnados] (it. 297).

As opiniões dos encarnados foram estudadas no capítulo 4, primeira parte, no qual Allan Kardec apresenta os diferentes sistemas de contradições. Algumas não passam de simples opinião, sem base científica ou produto de análise mais apurada (it. 298).

As contradições deixam de existir ou, pelo menos, tornam-se mais superficiais com o estudo da origem e natureza dos Espíritos, a vida no Plano Espiritual, as faculdades psíquicas do ser humano etc. (it. 298).

Os desencarnados também apresentam contradições, o que é natural, uma vez que, pelo fato de não possuírem um corpo físico, não significa dizer que sejam esclarecidos. Ao contrário, alerta-nos o Codificador:

> Não se deve esquecer que, entre os Espíritos, do mesmo modo que entre os homens, há pseudossábios e semissábios, orgulhosos, presunçosos e sistemáticos. Como o conhecimento de tudo é prerrogativa dos Espíritos perfeitos, para os demais Espíritos, como para nós, há mistérios que eles explicam à sua maneira, segundo suas ideias [...]. O erro está na conduta de alguns de seus intérpretes, adotando muito levianamente opiniões contrárias ao bom senso e se fazendo propagadores de tais ideias (it. 299).

Daí a importância de analisar, com critério, as mensagens transmitidas pelos Espíritos, sobretudo as assinadas por nomes veneráveis: "Devemos nos aplicar em distingui-los da turba dos Espíritos inferiores, caso queiramos nos esclarecer. O conhecimento aprofundado do Espiritismo nos leva a fazer essa distinção" (it. 300).

Há contradições que se revelam mais na forma — superfície ou estilo do médium — do que no conteúdo da mensagem. Há médiuns mais estudiosos, que têm a faculdade mais aperfeiçoada e podem, portanto, captar melhor as ideias do comunicante. Trata-se de um intérprete mais qualificado. Contudo, é bom lembrar:

> Os Espíritos realmente superiores jamais se contradizem e a linguagem de que usam é sempre a mesma, *com as mesmas pessoas*. Pode, entretanto, diferir, de acordo com as pessoas e os lugares. Deve-se, porém, estar atento ao fato de que a contradição, muitas vezes, é apenas aparente; está mais nas palavras do que nas ideias, bastando que alguém reflita para verificar que a ideia fundamental é a mesma (it. 301-302).

As questões 3 a 10-a, item 301, assim como item 302, merecem ser lidas de forma atenta, pois analisam com detalhes aspectos das contradições, anteriormente apresentados de forma geral. Há duas mensagens esclarecedoras do Espírito de Verdade que apontam pontos cruciais relativos às contradições: o nível de entendimento de cada pessoa; a prudência na divulgação de verdades por parte de Espíritos Superiores; as condições do médium e da sociedade onde a mensagem é transmitida; a necessidade de apresentar conceitos gerais para, mais tarde, com a maturidade intelectual, surgirem mensagens esclarecedoras quanto às especificidades (it. 301 a 309).

Há um conselho do Espírito de Verdade, no item 302, importantíssimo: a verdade legítima nunca é embaçada, assim como "[...] o diamante sem jaça é o que tem mais valor. Julgai, pois, os Espíritos pela pureza dos seus ensinos".

2 As mistificações

A mistificação é uma mentira, um embuste, uma enganação. Não merece, portanto, qualquer crédito. É produzida por médiuns e por Espíritos que apresentam imperfeição moral. A imunidade contra as mistificações se adquire pela prática do bem e pela aquisição de conhecimento. São duas armas infalíveis, pois pessoas de bem e que têm bom nível de conhecimento naturalmente afastam Espíritos (encarnados e desencarnados) que revelam comportamentos amorais ou imorais, ou que sugerem ideias exóticas, estranhas à sabedoria (it. 303).

Quem consulta os Espíritos para fins banais ou frívolos vai encontrar respondedores à altura que se comprazem em mentir e enganar. Assim, os orientadores espirituais nos alertarem para

> [...] não pedir ao Espiritismo senão o que ele possa dar. Seu fim é o melhoramento moral da humanidade; enquanto não vos afastardes desse objetivo, jamais sereis enganados, pois não há duas maneiras de se compreender a verdadeira moral, aquela que todo homem de bom senso pode admitir (it. 303).

Para nossa reflexão, acrescentam de maneira inequívoca:

> Os Espíritos vêm instruir e vos guiar no caminho do bem e não no das honras e das riquezas, nem vêm atender às vossas paixões mesquinhas.

> Se nunca lhes pedissem nada de fútil, ou que esteja fora de suas atribuições, ninguém daria acesso aos Espíritos enganadores. Conclusão: só é mistificado aquele que o merece. O papel dos Espíritos não consiste em vos informar sobre as coisas desse mundo, mas em vos guiar com segurança no que vos possa ser útil para o outro mundo. Quando vos falam das coisas da Terra, é que o julgam necessário, e não porque o peçais. Se vedes nos Espíritos os substitutos dos adivinhos e dos feiticeiros, então é certo que sereis enganados (it. 303).

São conselhos preciosos que se complementam com este:

> Se os homens não tivessem senão que se dirigirem aos Espíritos para saberem de tudo, estariam privados do livre-arbítrio e fora do caminho traçado por Deus à humanidade. O homem deve agir por si mesmo. Deus não envia os Espíritos para lhe aplainarem a estrada material da vida, mas para lhe prepararem a do futuro (it. 303).

Há, ainda, muita fantasia e ilusão no que diz respeito à manifestação dos Espíritos e à pratica mediúnica realizada comumente na Casa Espírita. Nem sempre os médiuns e demais espíritas estão atentos aos mistificadores:

> A astúcia dos Espíritos mistificadores ultrapassa algumas vezes tudo o que se possa imaginar. A arte com que apontam suas baterias e combinam os meios de persuasão, seria uma coisa curiosa se eles nunca passassem de simples gracejos; porém, as mistificações podem ter consequências desagradáveis para os que não tomem suas precauções (it. 303, Observação).

A boa prática espírita é trabalho persistente de aprendizado, moral e intelectual. Não há espaço para deslumbramentos e vaidades. O espírita sincero aprende a trabalhar suas imperfeições, combatendo as más tendências e esforçando-se para desenvolver virtudes. Sabe que o mal ainda existe na Humanidade e, então, perante tal conjuntura, segue a sempre atual orientação de Jesus, segundo registro de *Mateus* (10): "Eis que eu vos envio como ovelhas para o meio de lobos; sede, portanto, prudentes como as serpentes e simples como as pombas". Lição que na linguagem atual quer dizer: sejam prudentes e precavidos como as serpentes, e sem maldade (bondosos, mansos) como as pombas.

RESUMO DE *O LIVRO DOS MÉDIUNS* – PARTE 2 MANIFESTAÇÕES ESPÍRITAS

CAPÍTULO 28: CHARLATANISMO E EMBUSTE

Neste capítulo, Allan Kardec analisa dois assuntos: *médiuns interesseiros* e as *fraudes espíritas*. O primeiro é tema sempre atual, cujos resultados são sempre funestos. O segundo já não desperta tanta atenção nos dias atuais, pois, com o estudo regular do Espiritismo, é relativamente fácil identificar fraudes espíritas.

1 Médiuns interesseiros

Infelizmente, poucos são os médiuns dedicados e humildes que compreendem o papel que devem desempenhar como intérpretes dos Espíritos. O interesse demonstrado por alguns médiuns é sempre pernicioso e, cedo ou tarde, colhem frutos amargos porque, sendo assistidos por Espíritos inescrupulosos, terminam por se enveredarem por caminhos de decepções e de sofrimentos: "Como tudo pode tornar-se objeto de exploração, não haveria nada estranho em que se quisesse também explorar os Espíritos. [...] Diremos desde logo que nada se prestaria melhor ao charlatanismo e ao embuste do que semelhante ofício (it. 304). "O desinteresse, ao contrário, é a resposta mais decisiva que se pode dar aos que só veem nos fenômenos uma hábil manobra. Não há charlatanismo desinteressado" (it. 304).

O médium interesseiro, o que deseja aparecer, ser notado, elogiado, reverenciado, ou o que, de alguma forma, recebe contribuição, pecuniária ou não, é algo extremamente desagradável, que desperta desconfianças, ainda que aja com boa-fé, isto é, sem malícia ou por ingenuidade, acrescentaríamos, não por um interesse deliberado (it. 304 e 312).

Mesmo nessa possibilidade, o resultado não é bom, e os bons Espíritos não compactuariam com tal situação: "Sabe-se da aversão dos Espíritos [Superiores] a tudo o que cheira a cobiça e a egoísmo, o pouco caso que fazem das coisas materiais; como então admitir que se prestem a ajudar quem queira traficar com a presença deles?" (it. 305).

> Como, porém, os Espíritos levianos são menos escrupulosos e só procuram ocasião para se divertirem à nossa custa, segue-se que, quando não se seja mistificado por um falso médium, tem-se toda a probabilidade de o ser por alguns de tais Espíritos (it. 305).

Kardec menciona, igualmente:

> Médiuns interesseiros não são apenas os que podem exigir uma retribuição fixa. Nem sempre o interesse se traduz na expectativa de um ganho material, mas também pelas ambições de toda sorte, sobre as quais se apoiem esperanças pessoais. É esse um dos defeitos de que os Espíritos zombeteiros sabem muito tirar partido e de que se aproveitam com uma habilidade e uma astúcia verdadeiramente notáveis, embalando em enganosas ilusões os que se colocam sob a dependência deles (it. 306).

Qualquer tipo de mediunidade pode servir ao médium interesseiro: as de efeitos físicos ou inteligentes. Os médiuns de efeitos físicos, entretanto, despertam mais atenção e a curiosidade das pessoas. Mas os Espíritos que acompanham tais médiuns são sempre inescrupulosos, de categoria moralmente inferior, ainda que não necessariamente maus (it. 307).

Um ponto importante, entre tantos destacados por Kardec, é este:

> Os Espíritos inferiores gostam muito de mistificar, mas não gostam de ser mistificados. Se se prestam de boa vontade ao gracejo, às coisas de mera curiosidade, porque gostam de se divertir, também é certo que, como os outros, não gostam de ser explorados, nem de servir de comparsas para que a receita aumente, provando a todo instante que têm vontade própria e agindo quando e como bem lhe parece [...] (it. 307).

Por fim, afirma o Codificador: "De tudo o que foi dito, concluímos que o mais absoluto desinteresse é a melhor garantia contra o charlatanismo. Se ele nem sempre assegura a excelência das comunicações inteligentes, retira, por outro lado, um poderoso meio de ação dos Espíritos maus e fecha a boca de certos detratores" (it. 308).

Algumas pessoas alegam que, para o médium se dedicar "no interesse da causa, não o pode fazer de graça, porque precisa viver. Mas — pergunta Kardec — é no interesse da causa ou no seu próprio interesse que ele o emprega? "Não será, antes, porque vê nisso um ofício lucrativo?" (item 310). A prática espírita, seja ela qual for, mediúnica, estudo, assistência material e espiritual etc., não deve jamais merecer aplausos e apoios, velados ou ostensivos, de pessoas, instituições, governos etc. Trata-se de uma causa nobre, voltada para a edificação do ser. Assim, o médium deve ter uma profissão de onde retira o seu ganho, admiração e elogios. Quanto à mediunidade, esta não se presta ao comércio, à mercantilização.

2 Fraudes espíritas

As manifestações dos Espíritos, quando não bem compreendidas, costumam provocar dois efeitos contrários: aceitação ou rejeição sem análise. Ambas são perniciosas, e as rejeições são, em geral, consideradas fraudes. Nesse sentido, Kardec lembra as críticas que os médiuns sofreram no passado, citando o notável médium escocês Daniel Dunglas Homes (1833-1886) que, por intermediar relevantes fenômenos mediúnicos de efeitos físicos, foi tripudiado pela sociedade da época, considerado charlatão (it. 314).

A mediunidade de efeitos físicos é a que mais se presta às fraudes, simplesmente porque podem ser imitadas. São capazes de atrair multidões pelo efeito que produzem (it. 315). Assim, devemos ficar atentos, até porque, importa considerar, "[...] a fraude visa sempre a um fim, a um interesse material qualquer [...]" (it. 314). O certo é que toda manifestação mediúnica, por mais simples que seja, se presta à fraude, à mistificação. Por isso, o estudo e a análise da mensagem, associados ao caráter do médium, são condições imprescindíveis para afirmar ou negar fraudes.

As pessoas que não estudam o Espiritismo são facilmente enganadas, e a sua credulidade pode transformá-la em objeto preferido dos trapaceiros, encarnados e desencarnados (it. 316).

Um tipo de fraude perigosa é a que não é fácil de perceber, ou seja, em que a verdade está mesclada de mentira. Daí a necessidade de analisar tudo com cuidado, sem julgamentos precipitados. Porque, também, não é justo fazer suposições incorretas: "Misturar o falso com o verdadeiro, quando se trata de fenômenos obtidos por intervenção dos Espíritos, é simplesmente uma infâmia e haveria obliteração do senso moral no médium que julgasse poder fazê-lo sem escrúpulo (it. 317).

Assim como há fenômenos espíritas que são fáceis de imitar, tais como pancadas, escrita direta, movimentos de objetos/mesas, transporte de objetos (it. 319 ao 321), há outros que são mais difíceis: "[...] são, notadamente, o movimento de objetos sem contatos, a suspensão dos corpos pesados no espaço, as pancadas de diferentes lados, as aparições etc., salvo o emprego dos truques e da cumplicidade" (it. 318).

Não estamos livres de fraudes, é verdade, mas é preciso cuidadosa análise, antes de proferir a sentença, voltamos a afirmar. Kardec enfatiza a respeito:

> É por isso que dizemos que em tal caso é necessário observar atentamente as circunstâncias e, sobretudo, levar em conta o caráter e a posição das pessoas, o objetivo e o interesse que possam ter em enganar. Essa é a melhor de todas as fiscalizações, pois há circunstâncias que fazem desaparecer todos os motivos de suspeita. Julgamos, pois, em princípio, que se deve desconfiar de quem quer que faça desses fenômenos um espetáculo, ou objeto de curiosidade e de divertimento e que pretenda produzi-los à sua vontade e em data certa (it. 318).

RESUMO DE *O LIVRO DOS MÉDIUNS* – PARTE 2 MANIFESTAÇÕES ESPÍRITAS

CAPÍTULO 29: REUNIÕES E SOCIEDADES ESPÍRITAS

Consta no capítulo 24, itens 324 a 350, distribuídos em quatro partes: "Reuniões em geral, Sociedades propriamente ditas, Assuntos de estudo e Rivalidade entre as sociedades", cujo resumo é apresentado em seguida.

1 Reuniões em geral

Allan Kardec discorre a respeito da importância das reuniões mediúnicas espíritas, classificando-as de acordo com o fim a que se propõem e, consequentemente, com a natureza dos Espíritos que aí comunicam: *frívolas, experimentais* e *instrutivas*. Pondera que, para obter bons frutos, as reuniões devem funcionar como um todo coletivo, impondo as precauções e os cuidados que usualmente são utilizados nas reuniões sérias que acontecem no plano físico (it. 324).

» *Reuniões frívolas* (it. 325): como o nome indica, são reuniões integradas por participantes "que só veem o lado divertido das manifestações e que se divertem com os gracejos dos Espíritos levianos." Em tais reuniões, há o predomínio de Espíritos inconsequentes, levianos, que gostam de se exibir, falar banalidades, fazer previsão do futuro (ignorando que os acontecimentos dependem, a rigor, do uso do livre-arbítrio). De maneira geral, essas reuniões não teriam maiores consequências, exceto quando, entre os Espíritos levianos, ocorre a manifestação de comunicantes portadores de intelecto mais desenvolvido, capazes de envolverem habilmente os encarnados em diferentes situações, em geral, desagradáveis, ridículas e que ferem o decoro. Os Espíritos sérios não se se manifestarem em tais reuniões, a não ser para prestarem algum esclarecimento ou conselhos no Bem. À época do surgimento do Espiritismo, com o fenômeno das mesas girantes, era comum esse tipo de manifestação.

» *Reuniões experimentais* (it. 326): têm como finalidade, mais particularmente, a produção de manifestações físicas (materialização de objetos e de Espíritos, fenômeno de transporte, vozes e escritas diretas etc.). Ainda que em tais reuniões ocorram fenômenos notáveis, os incrédulos ficam mais admirados do que convencidos. São reuniões que atraem um grande público pelo espetáculo que propiciam. Contudo, quando realizadas com seriedade e rigor, bons resultados apresentam, pois, livres do charlatanismo e do embuste, pode-se aprender muita coisa, como a comprovação da imortalidade e a sobrevivência do ser em outra dimensão da vida.

» *Reuniões instrutivas* (it. 327-353): são sérias na verdadeira acepção da palavra, cuja relevância é "colher o verdadeiro ensino". Allan Kardec destaca que a seriedade inerente dessas reuniões atrai Espíritos bons, sérios e esclarecidos, dispostos a colaborar com a propagação do Bem. Nesse sentido, como a instrução espírita é evidenciada, conduzem ao estudo e à análise das consequências morais e intelectuais das ideias espíritas. São reuniões especialmente úteis para os médiuns que desejam aperfeiçoar-se, evitando os inconvenientes das influências espirituais negativas, como as obsessões, uma vez que suas produções mediúnicas são avaliadas, sobmetidas ao crivo da verdade. As reuniões instrutivas, por serem sérias, conseguem afastar Espíritos mentirosos, levianos e obsessores ou, pelo menos, neutralizar suas ações. As reuniões sérias funcionam como um ser coletivo cujos participantes, vibrando em uníssono, formam um feixe de varas que, quanto mais homogêneo, mais força terá. Finalmente, as reuniões sérias apresentam uma característica não menos importante: a regularidade de sua execução. Tal medida permite à equipe espiritual preparar com antecedência as atividades, selecionar os comunicantes, assim como as orientações que serão transmitidas.

2 Sociedades propriamente ditas

Os itens 334 a 342 fornecem esclarecimentos a respeito da organização geral dos Centros Espíritas, destacando-se que a Casa Espírita deve sempre adotar os critérios de seriedade indicados para as reuniões instrutivas.

O item 334 indica que os espíritas devem procurar, por todos os meios, fortalecer laços de compromisso e responsabilidade entre si, atentando-se para o objetivo e para as consequências morais de todas as atividades. Os participantes (da Casa Espírita e das reuniões mediúnicas) devem se esforçar para não colocarem fatos e acontecimentos cotidianos acima dos princípios espíritas. Se os postulados espíritas forem colocados em planos secundários ou não considerados, a sociedade será dividida, deixando de existir a união. Todo esforço deve ser envidado para que os membros de uma Instituição Espírita aprendam a estabelecer ligações fraternas de forma que, "onde quer que se encontrem, uma mutua tolerância os atrai uns para os outros; a recíproca benevolência que reina entre todos os integrantes de uma sociedade exclui o constrangimento e o vexame que nascem da suscetibilidade, do orgulho que se irrita à menor contradição e do egoísmo, que só cuida de seus próprios interesses."

O item 335 assinala a necessidade da uniformidade dos sentimentos para obtenção de bons resultados. "Essa uniformidade é tanto mais difícil de obter-se quanto maior for o número de pessoas. Nas pequenas reuniões [e Casas Espíritas], em que todos se conhecem melhor, há mais segurança quanto à eficácia dos elementos que para elas entram. O silêncio e o recolhimento são mais fáceis e tudo se passa como em família." Situação oposta acontece nas Casas e nos Grupos Espíritas que têm maior número de frequentadores, pois as "grandes assembleias exluem a intimidade, pela variedade dos elementos de que se compõem, exigem locais especiais, recursos pecuniários e um aparato administrativo desnecessário nos pequenos grupos. A divergência dos caracteres, das ideias, das opiniões aí se delineia melhor e oferece aos Espíritos perturbadores mais facilidade para semearem a discórdia."

O item 336 alerta a respeito dos inimigos do Espiritismo e do seu interesse em impedir a marcha das ideias espíritas. Kardec pondera que os adversários mais poderosos não são os que, declaradamente, manifestam oposição. Cuidado redobrado deve ser direcionado para os que se insinuam por toda parte, semeando discórdia, divisão. Usam de

> [...] manobras excusas que passam desapercebidas, semeiam a dúvida, a desconfiança, a inimizade; sob a aparência de falso interesse pela Causa, criticam tudo e formam grupinhos, que logo rompem a harmonia do conjunto; é o que querem. Com gente dessa espécie, falar dos sentimentos de caridade e fraternidade é falar a surdos

voluntários, porque o objetivo de tais criaturas é justamente destruir esses sentimentos, que constituem os maiores obstáculos às suas manobras (it. 336).

Os itens 337 e 338 orientam que as pessoas sensatas devem manifestar sua oposição, mas procurando chamar os provocadores à união fraterna. O silêncio dos que compreendem a problemática pode ser visto como uma concordância ou omissão. Daí a necessidade de adquirir a convicção espírita, que só é alcançada pelo estudo e pela experiência.

O item 339 informa que, diante de qualquer perturbação, "a sociedade espírita deve se organizar, promover medidas que retirem dos promotores de desodem todos os meios de se tornarem prejudiciais, além de criar mecanismos que facilitem o afastamento deles."

O item 340 analisa que todas as sociedades espíritas, grandes ou pequenas, devem lutar contra outra ordem de dificuldade: a ação nociva dos Espíritos pertubados e perturbadores. Ações efetivas devem ser utilizadas, desde o nascedouro, não esperarando que o mal se haja tornado incurável para remediá-lo, nem sequer esperar que os primeiros sintomas do mal se manifestem. Finalmente, orienta que o mais importante é prevenir o mal.

O item 331 assinala a influência do meio, uma consequência natural da forma de agir dos Espíritos. Demonstra que as boas condições reinantes em uma sciedade e/ou reunião espírita dependem inteiramente das disposições morais dos seus membros, que podem ser assim resumidas:

» Perfeita harmonia de vistas e de sentimentos;

» Cordialidade recípproca entre todos os membros;

» Ausência de todo sentimento contrário à verdadeira caridade cristã;

» Um único desejo: o de se instruírem e melhorarem, por meio dos ensinos dos Espíritos e do aproveitamento dos seus conselhos.

3 Assuntos de estudo

Esta parte abrange os itens 343 a 347, que apresentam importantes sugestões para a aquisição do entendimento espírita, pelo estudo regular do Espiritismo, que deve, necessariamente, começar por O livro dos *espíritos*; indica a relevância de realizar a análise crítica das mensagens mediúnicas, sobretudo as supostamente procedentes de orientadores espirituais; sugere o hábito de meditação a respeito dos ensinos espíritas e, se necessário, fazer estudo especializado relacionado a assuntos pertinentes.

4 Rivalidade entre as sociedades

Nos itens 348 e 349, Allan Kardec enfatiza que todas as sociedades espíritas têm uma missão a desempenhar e, por isso mesmo, devem evitar impor qualquer tipo de rivalidade entre si, uma vez que todos devem "concorrer, embora por vias diferentes, para o objetivo comum, que é a pesquisa e a propagação da verdade. Os antagonismos não passam de efeito do orgulho superexcitado; fornecem armas aos detratores e poderão prejudicar a Causa, que uns e outros pretendem defender."

No último item do capítulo, o 350, o Codificador evidencia o relevante papel de transformação moral da Humanidade proposto pelo Espiritismo: "através do melhoramento das massas, o que se dará gradualmente, pouco a pouco, em consequência do aperfeiçoamento dos indivíduos." Os espíritas devem, portanto, trabalhar pela instalação do Espiritismo cristão e humanitário na face do planeta."

CAPÍTULO 30: REGULAMENTO DA SOCIEDADE PARISIENSE DE ESTUDOS ESPÍRITAS

O trigésimo capítulo de O livro dos médiuns descreve como funcionava a Sociedade Parasiense de Estudos Espíritas, o primeiro Centro Espírita surgido no planeta.

Indica a data da sua fundação, 1º de abril de 1858, cujo funcionamento foi autorizado em 13/4/1858, por meio de decreto do prefeito de Paris, em concordância com a aprovação do Ministério do Interior e da Segurança Geral.

O Regulamento de Funcionamento da Sociedade Pariesiense de Estudos Espíritas compõe-se de quatro capítulos, assim especificados:

Capítulo I – Fins e formação da Sociedade

Contém sete artigos voltados para o objeto da Sociedade, que, em síntese, diz respeito ao estudo dos fenômenos das manifestações espíritas (mediúnicas) e suas aplicações às ciências morais.

Capítulo II – Administração

Os artigos 8º a 16 tratam do local de funcionamento da Sociedade, da composição da diretoria (1 presidente, 1 vice-presidente, 1 secretário principal, 2 secretários adjuntos e 1 tesoureiro), periodicidade de funcionamento, critérios de eleição e reeleição dos membros, funções/atribuições dos seus integrantes, direitos e deveres dos associados (sócios livres e titulares).

Capítulo III – Sessões

Os artigos 17 a 22 tratam de forma, normas e condutas adotadas nas reuniões da Sociedade. Indicam os dias e horários de funcionamento. Tratam também da análise e publicação das comunicações mediúnicas.

Capítulo IV – Disposições diversas

São orientações gerais que fazem parte dos artigos 23 a 29, as quais especificam detalhes não previstos nos capítulos anteriores.

CAPÍTULO 31: DISSERTAÇÕES ESPÍRITAS

Este capítulo traz dois conjuntos de mensagens mediúnicas, transmitidos espontaneamente pelos Espíritos. O primeiro trata de diferentes assuntos contidos em *O livro dos médiuns*. O segundo apresenta mensagens apócrifas, inseridas por Kardec com o intuito de ensinar o espírita a avaliar o teor de uma comunicação mediúnica, verificando se esta é falsa ou verdadeira.

As dissertações espíritas relacionadas a temas gerais desenvolvidos na obra foram subescritas por diversos Espíritos. Algumas são acrescidas de comentários de Allan Kardec. O quadro a seguir fornece uma visão panorâmica:

ASSUNTO	AUTORES DAS MENSAGENS	SÍNTESE DAS IDEIAS
Sobre o Espiritismo (9 mensagens)	Santo Agostinho, Chauteaubriand, J.J. Rousseau, Um Espírito Familiar, São Bento, São Luís, Channing, Espírito da Verdade	Analisam o que é o Espiritismo e sua missão, que trata da regeneração moral da Humanidade terrestre; alertam a respeito dos obstáculos e desafios que os espíritas enfrentarão; apontam a necessidade de conhecer o Espiritismo pelo estudo e pela vivência dos seus postulados. A mensagem do Espírito da Verdade, que foi inserida posteriormente em *O evangelho segundo o espiritismo*, destaca o valor e a necessidade da mensagem cristã. Destacamos a frase: "Espíritas! Amais-vos, este o primeiro ensinamento; instrui-vos, este o segundo."

Sobre os médiuns (6 mensagens)	Channing, Pierre Jouty (pai do médium), Joana d'Arc, Pascal, Delphine de Girardin, O Espírito da Verdade	Apresentam conceitos sobre mediunidade, médium e prática mediúnica; destacam a importância de se realizar a prática mediúnica séria à luz dos postulados espíritas.
Sobre as sociedades espíritas (13 mensagens)	Santo Agostinho, São Luís, São Vicente de Paulo, Fénelon, Georges (Espírito familiar), Massilon, Erasto (discípulo de Paulo)	Aconselham a utilizar a prece nas reuniões espíritas, sem se atentarem para uma fórmula; destacam o papel moral do Espiritismo, a necessidade de compreensão, amor, tolerância e união entre os espíritas; avaliam a importância das manifestações mediúnicas; ponderam sobre a necessidade de se exercer o espírito da caridade, assim como a conquista de virtudes; consideram que precisamos aprender a nos tornarmos invulneráveis à calúnia, ao egoímo e à ignorância. Avaliam a necessidade de grupos e sociedades se manterem em contato, visiatando-se mutuamente, trocando expriências e aprendizados, a fim de neutralizarem possíveis rivalidades; enfatizam a importância do silêncio e do recolhimento durante as comunicações dos Espíritos e a regularidade das sessões mediúnicas. Orientam a repelir firmemente os Espíritos que querem manter exclusividade nas comunicações, atuando sobre médiuns e grupos. Aconselham a submeter todas as mensagens ao crivo da razão e da lógica, medindo-lhes as consequências morais.

1 Mensagens apócrifas

Sob esse título, Allan Kardec apresenta exemplos de mensagens falsamente atribuídas a entidades venereráveis. O Codificador estuda cada mensagem, de forma lógica e racional, à luz do entendimento espírita, indicando pontos que contradizem as ideias desenvolvidas pelo Espírito comunicante, um mistificador, na verdade, que não revela o menor escrúpulo de se apropriar do nome de outro Espírito, inclusive de um Espírito Superior.

Demonstra que a mistificação tem sido um dos maiores escolhos do Espiritismo, daí a importância de analisarmos, criteriosamente, as mensagens mediúnicas, sobretudo as que trazem o nome de Espíritos Superiores.

Kardec apresenta e analisa seis mensagens apócrifas, falsamente atribuídas, respectivamente, a São Vicente de Paulo, Napoleão, Jesus, Bossuet e Alfred de Marignac. Em tais mensagens, a verdade e a mentira estão misturadas, às vezes de forma hábil, a fim de confundir e enganar mesmo os trabalhadores espíritas.

É necessário que o espírita, em especial os médiuns e demais integrantes da reunião mediúnica, leiam atentamente os comentários analíticos de Kardec, a fim de não serem enganados tão facilmente por Espíritos mistificadores.

CAPÍTULO 32: VOCABULÁRIO ESPÍRITA

O último capítulo de *O livro dos médiuns* apresenta um vocabulário espírita constituído dos termos mais usuais empregadas na prática espírita à época da Codificação Espírita. Na primeira edição da obra, esse vocabulário era extenso (quase cem páginas). Posteriormente, foi simplificado por Allan Kardec.

Atualmente, passados mais de 150 anos de publicação de *O livro dos médiuns*, o vocabulário espírita foi acrescido de termos e expressões trazidos pelos orientadores da Vida Maior, que, utilizando a mediunidade de médiuns sérios, esclarecidos e dedicados, ampliaram os conceitos do tríplice aspecto do Espiritismo: filosofia, ciencia e religião (ou moral).

Tudo isso está de acordo com o natural progresso das ideias espíritas na sociedade.

O EVANGELHO NO LAR

Quando o ensinamento do Mestre vibra entre quatro paredes de um templo doméstico, os pequeninos sacrifícios tecem a felicidade comum.[1]

Quando entendemos a importância do estudo do Evangelho de Jesus, como diretriz ao aprimoramento moral, compreendemos que o primeiro local para esse estudo e vivência de seus ensinos é o próprio lar.

É no reduto doméstico, assim como fazia Jesus, no lar que o acolhia, a casa de Pedro, que as primeiras lições do Evangelho devem ser lidas, sentidas e vivenciadas.

O espírita compreende que sua missão no mundo principia no reduto doméstico, em sua casa, por meio do estudo do Evangelho de Jesus no Lar.

Então, como fazer?

Converse com todos que residem com você sobre a importância desse estudo, para que, em família, possam compreender melhor os ensinamentos cristãos, a partir de um momento de união fraterna, que se desenvolverá de maneira harmônica e respeitosa. Explique que as reflexões conjuntas acerca do Evangelho permitirão manter o ambiente da casa espiritualmente saneado, por meio de sentimentos e pensamentos elevados, favorecendo a presença e a influência de Mensageiros do Bem; explique, também, que esse momento facilitará, em sua residência, a recepção do amparo espiritual, já que auxilia na manutenção de elevado padrão vibratório no ambiente e em cada um que ali vive.

Convide sua família, quem mora com você, para participar. Se mora sozinho, defina para você esse momento precioso de estudo e reflexões. Lembre-se de que, espiritualmente, sempre estamos acompanhados.

Escolha, na semana, um dia e horário em que todos possam estar presentes.

O tempo médio para a realização do Evangelho no Lar costuma ser de trinta minutos.

---

[1] XAVIER, Francisco Cândido. *Luz no lar*. Por Espíritos diversos. 12. ed. 7. imp. Brasília: FEB, 2018. Cap. 1.

As crianças são bem-vindas e, se houver visitantes em casa, eles também podem ser convidados a participar. Se não forem espíritas, apenas explique a eles a finalidade e importância daquele momento.

O seguinte roteiro pode ser utilizado como sugestão:

1. Preparação: leitura de mensagem breve, sem comentários;
2. Início: prece simples e espontânea;
3. Leitura: *O evangelho segundo o espiritismo* (um ou dois itens, por estudo, desde o prefácio);
4. Comentários: breves, com a participação dos presentes, evidenciando o ensino moral aplicado às situações do dia a dia;
5. Vibrações: pela fraternidade, paz e pelo equilíbrio entre os povos; pelos governantes; pela vivência do Evangelho de Jesus em todos os lares; pelo próprio lar...
6. Pedidos: por amigos, parentes, pessoas que estão necessitando de ajuda...
7. Encerramento: prece simples, sincera, agradecendo a Deus, a Jesus, aos amigos espirituais.

As seguintes obras podem ser utilizadas nesse momento tão especial:

- *O evangelho segundo o espiritismo*, como obra básica;
- *Caminho, verdade e vida*; *Pão nosso*; *Vinha de luz*; *Fonte viva*; *Agenda cristã*.

Esse momento no lar não se trata de reunião mediúnica e, portanto, qualquer ideia advinda pela via da intuição deve permanecer como comentário geral, a ser dito de maneira simples, no momento oportuno.

No estudo do Evangelho de Jesus no Lar, a fé e a perseverança são diretrizes ao aprimoramento moral de todos os envolvidos.

FEB editora
Livro espírita para um novo mundo
www.febeditora.com.br
@febeditoraoficial
@febeditora

Conselho Editorial:
Carlos Roberto Campetti
Cirne Ferreira de Araújo
Evandro Noleto Bezerra
Geraldo Campetti Sobrinho – Coord. Editorial
Jorge Godinho Barreto Nery – Presidente
Maria de Lourdes Pereira de Oliveira
Miriam Lúcia Herrera Masotti Dusi

Produção Editorial:
Elizabete de Jesus Moreira

Revisão:
Anna Cristina de Araújo Rodrigues
Elizabete de Jesus Moreira
Wagna Carvalho

Capa:
Thiago Pereira Campos

Projeto gráfico:
Luciano Carneiro de Holanda
Luisa Jannuzzi Fonseca

Diagramação:
Rones José Silvano de Lima – instagram.com/bookebooks_designer

Foto de Capa:
www.istockphoto.com – pablo_rodriguez_merkel

Normalização Técnica:
Biblioteca de Obras Raras e Documentos Patrimoniais do Livro

Esta edição foi impressa pela Viena Gráfica e Editora Ltda., Santa Cruz do Rio Pardo, SP, com tiragem de 500 exemplares, todos em formato fechado de 170x250 mm e com mancha de 130x205 mm. Os papéis utilizados foram o Offset 63 g/m² para o miolo e o Cartão 250 g/m² para a capa. O texto principal foi composto em fonte Minion Pro 11,5/14,5 e os títulos em Zurich Lt BT 22/26,4. Impresso no Brasil. *Presita en Brazilo.*